敏満寺の謎を解く

―伝承する彫像と城塞・石仏群―

多賀町教育委員会 編

銅製五輪塔　鋳銅製・鍍金　高さ38.9㎝　（胡宮神社所蔵）

五輪塔底裏刻銘

「奉施入　近江国敏満寺本堂
金銅五輪宝塔壹基於其中
奉安置仏舎利貳粒之状如件
建久九年十二月　日
造東大寺大和尚南無阿弥陀仏記」

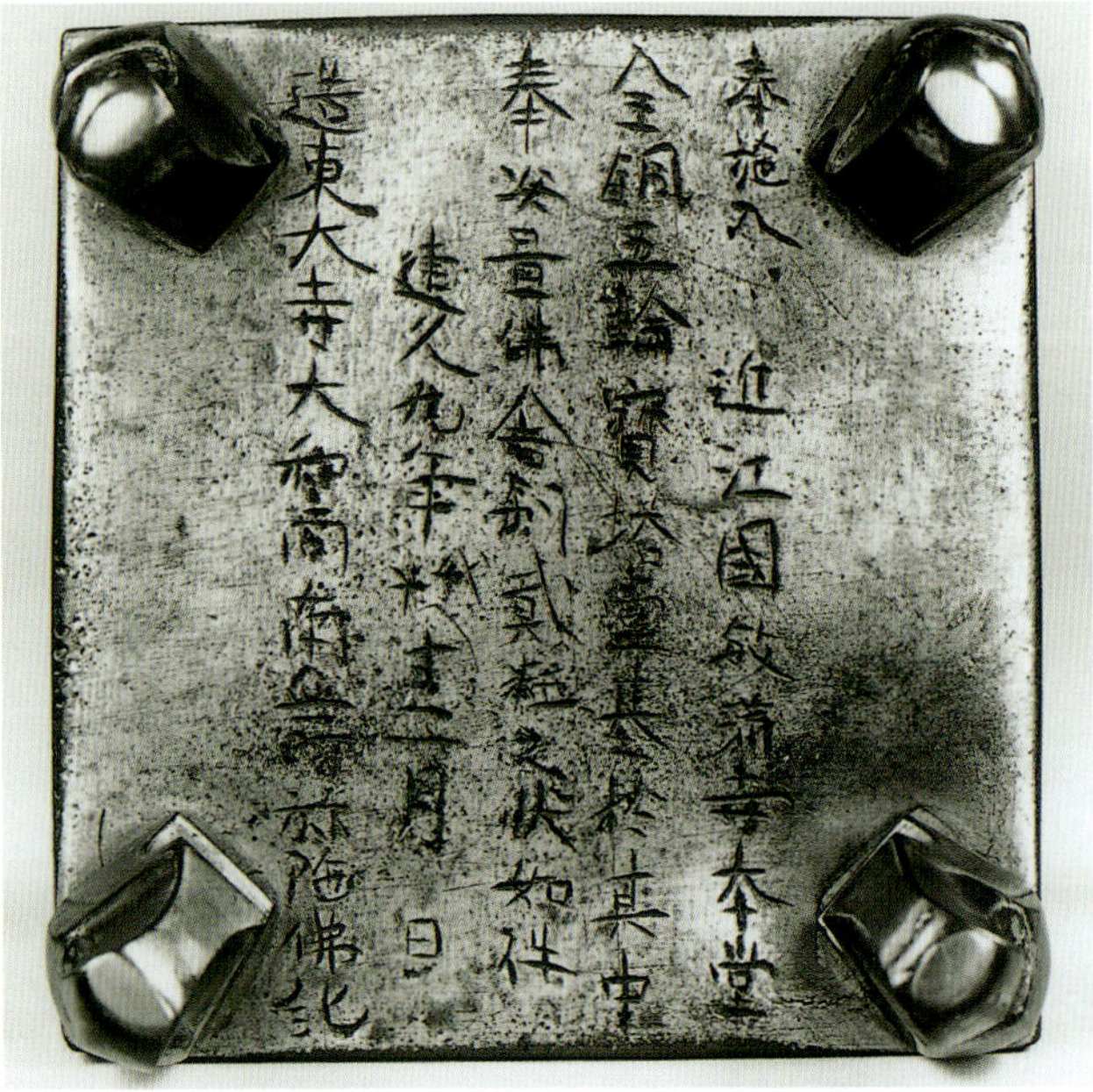

身側面　西方（広目天）

身側面　北方（多聞天）

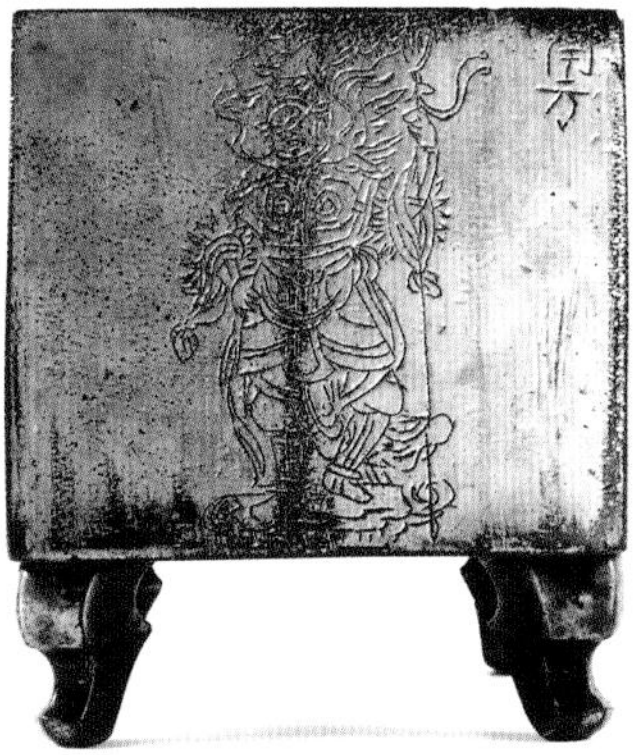

身側面　南方（増長天）

身側面　東方（持国天）

（重文）銅製五輪塔について

銅製の五輪塔であるが、通常の五輪塔とは異なり、火輪部が三角錐形になることから三角五輪塔と呼ばれている。これは施入者である俊乗坊重源上人が考案した独特の形である。

上から空・風・火・水・地の各部には蓮台上に奉安された大日如来法身真言が陰刻されている。基壇部にあたる地輪部は被せ式になっており、中には台座上に水晶製容器に仏舎利が奉安され、身側面にそれを守護する四天王像が陰刻される。身底面には建久９年（1198）重源の敏満寺への施入記がある。重源寄進状もあわせて伝来し、舎利二粒のうち一粒は弘法大師空海が中国から請来した仏舎利であるとしており、重源が自らの舎利信仰を敏満寺に移植しようとする強い熱意が感じられる優品である。（土井）

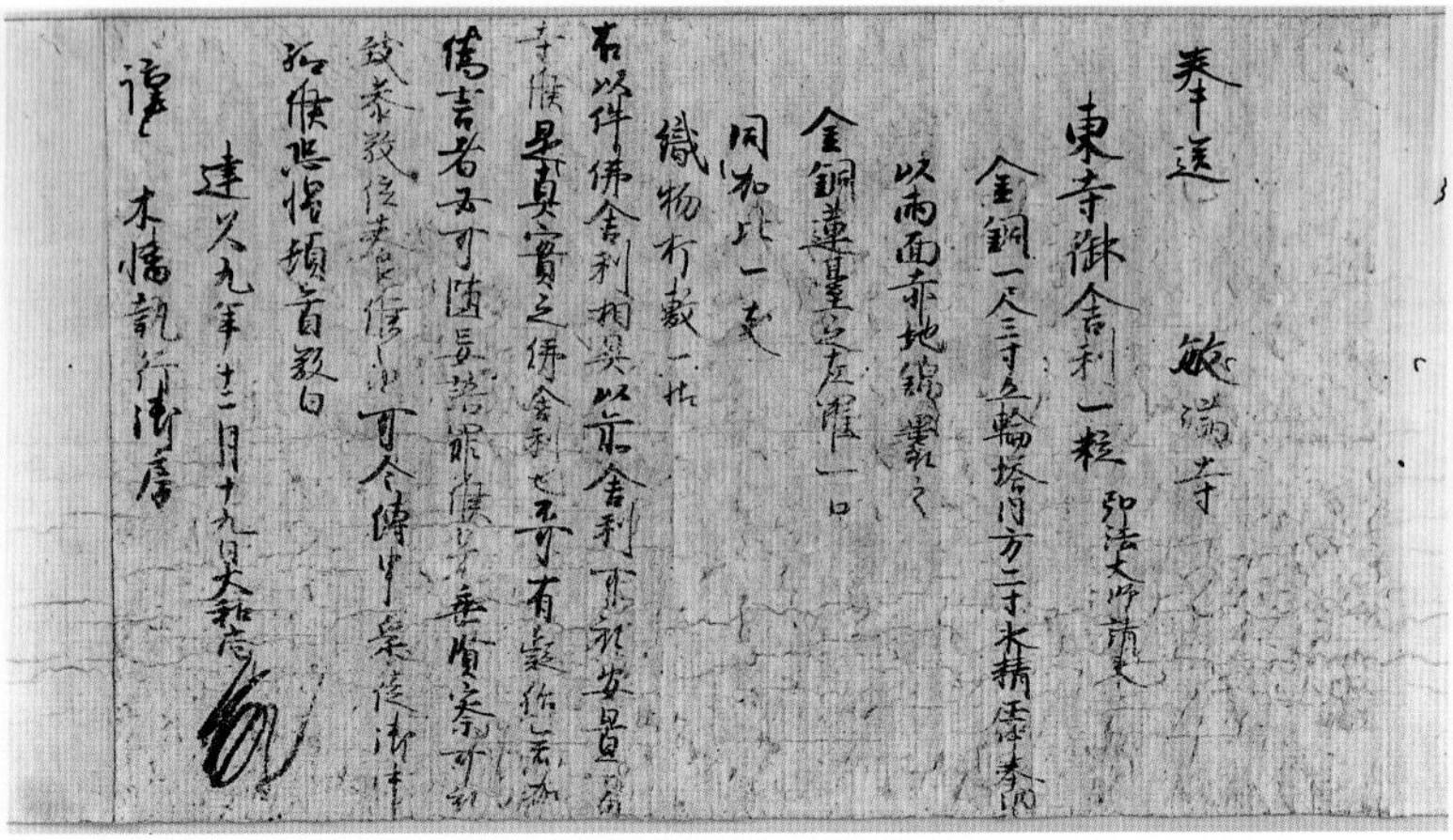

重源寄進状

「奉送　　敏満寺

東寺御舎利一粒　弘法大師請来

金銅一尺三寸五輪塔内方二寸水精玉中奉納

以両面赤地錦裹之

金銅蓮台之左羅一口

同加比一支

織物打敷一帖

右以件仏舎利相具以前舎利可被安置当

寺候是真実之仏舎利也不可有疑殆若加

偽言者必可堕妄語罪候早重賢察可被

致恭敬供養候之由可令伝申衆徒御中

給候恐惶頓首敬白

建久九年十二月十九日大和尚（花押）

謹上　木幡執行御房

」

石仏谷

57 珠洲

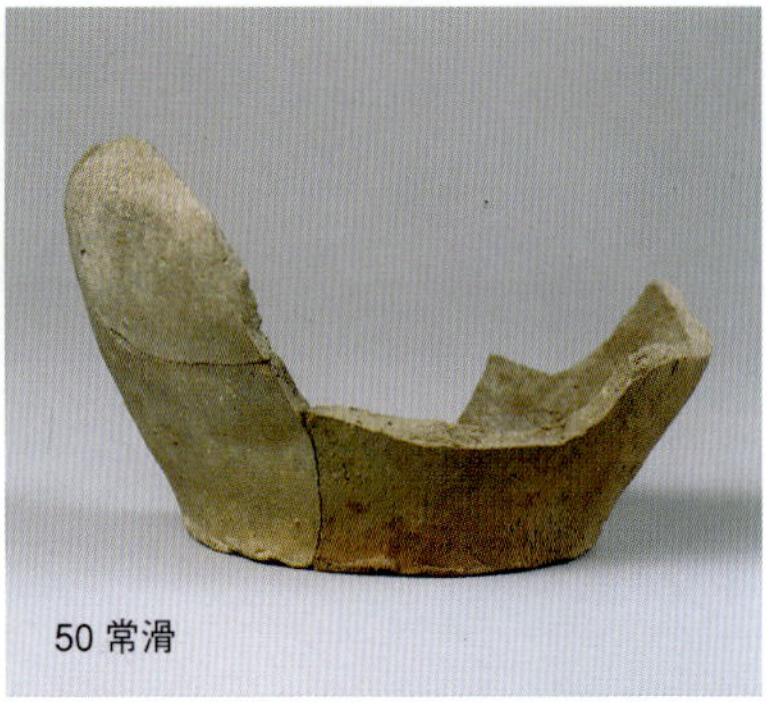

50 常滑

41 常滑

18 瀬戸

20 瀬戸

石仏谷墳墓跡出土陶器

石仏谷墳墓跡出土 瀬戸、信楽の陶器と青白磁、白磁

敏満寺故地出土瓦

77

71

69

70

76

68

75

73

74

72

81

敏満寺故地出土瓦

はじめに

多賀町教育委員会　教育長　松　宮　忠　夫

多賀町は、「お多賀さん」とよばれ親しまれてきた多賀大社で全国に知られています。多賀大社の信仰は歴史上でも重要な役割をもっていたことがわかっています。ところで、最近歴史遺跡として注目されてきたのが敏満寺《びんまんじ》という寺院です。

彦根市の東、鈴鹿山脈の北部に位置する多賀町は面積の約八割が山間部であり、平野はわずかしかありません。多賀大社と敏満寺はその平野部の本当に近い距離にあるのです。

敏満寺は奈良時代のころ青龍山《せいりゅうざん》をご神体とした山岳信仰から始まったと考えられ、鎌倉時代に最盛期を迎えたのですが、戦国時代に浅井長政や織田信長などに攻められ、衰退してしまったようです。江戸時代には、彦根城築城のために多くの石が運ばれたという記録もあります。ところが断片的な史料故に解明が難しく、謎の多い寺院でありました。

「敏満寺」という寺は現存しませんが、字名として残っており、寺院の中心は名神高速道路多賀サービスエリアと胡宮《このみや》神社境内付近の丘陵地と推定されています。高速道路と国道三〇七号が遺跡の中心を通過しているため、現状からは何もなかったようにさえ見えます。

しかし、近年の滋賀県教育委員会の発掘調査や当町教育委員会の美術工芸品調査などによって、中世敏満寺を推測するための貴重な資料を得ることができました。また、胡宮神社境内から西へ二〇〇メートルの地点にある石仏谷は中世墓地の貴重な資料であることも判明してきました。

そこで一人でも多くの方に敏満寺の歴史を再認識していただき、町においては石仏谷の整備を積極的に推進していくため、平成十四年十一月十日に『敏満寺座談会』を開催致しました。当日は各専門分野の先生方をお迎えし、貴重な調査研究の成果を発表いただきました。

本書は座談会の記録とともに、そのまとめを各先生方にご執筆いただき、まとめたものです。

敏満寺の謎解きは始まったばかりであり、まだまだたくさんの問題を抱えております。これからこの史跡保護とその活用、そして地域史の解明に取り組んで行くためには、今後ともみなさまのご支援とご協力をいただかねばなりません。

最後になりましたが、大字敏満寺区のみなさまと座談会にご協力いただきました先生方に対し、深甚なる謝意を表します。

目次

成果報告

講演

敏満寺研究の課題

滋賀県立琵琶湖文化館　土井　通弘

本日は「敏満寺について」というご下命でございますが、詳細は後の先生方から最新の研究成果について、話をしていただけるかと思っておりますので、私は現在まで敏満寺の研究がどのように推移してきたかについてお話するということでお許しいただきたいと思います。

以前より、敏満寺が滋賀県内史跡でも重要であるということは、われわれ研究者でも十分に承知していたのですが、昭和三十六年、名神高速道路の工事に伴い事前発掘調査が行われ報告書[1]が刊行されております。

われわれ若手の研究者には、この報告書が基本になりまして、そのあと昭和六十三年[2]、平成六年[3]、近年では平成九年[4]に発掘調査が実施されております。いずれも報告書が刊行されており調査成果がまとめられています。

これらの報告書を読み進めておりますと、この敏満寺地域で、歴史上に登場してきますのが東大寺荘園の「水《み》沼荘《ぬましょう》」です。その荘園絵図が現存しています。この絵図には、「敏満寺」というお寺の名称等はないのですが、この地が早くから開発され、当時としては最も進んだ産業であった「農業」が発達をしたということが推測できます。

この「水沼村墾田図」は東大寺の荘園の中でも非常に重要な資料として現存しているのですが、敏満寺にとっても貴重な資料なのです。しかし残念なことに、そのあとの約四百年間の平安時代は空白になっています。敏満寺の成立を考えるために必要な時期の資料、特に文献資料がないということが、敏満寺研究のネックになっています。

その後、敏満寺は、東大寺の鎌倉復興を成しとげました俊乗坊重源上人《しゅんじょうぼうちょうげんしょうにん》[5]との関係で歴史上に登場します。復興に大きな協力をするのですが、そこに資料的な重要性が認められます。しかし、文献資料がありません。わずかに残るものは、写しなどの二次的な資料だけであることが残念です。

後ほど、高梨さんの方から敏満寺に残る美術工芸品、特に彫刻を中心にお話をしていただけると思いますが、それは紛れもなくその鎌倉復興期の遺品でございまして、鎌倉時代初頭のこの地域の概観が復元されるということでございます。中井さん、松澤さんのお話では、当時の様子がタイムスリップしたような形で再現していただけるのではないかと期待いたしております。

さきほど平安時代の四百年間が敏満寺研究のネックであると申し上げたことについて、ここで少し私見を交えながら、平安時代というのが日本史にとって、またこの地域にとってどういう時代であったのかということを簡単に申し述べ、他の講師の方にバトンタッチをさせていただきたいと思います。

ご承知のように、敏満寺というのはお寺ですので、これは「仏教遺跡」ということになります。仏教は、今から二千五百年ないし二千六百年ぐらい前に、インドのガンジス川の中流域でお釈迦さんが説かれた教えでございます。これがだいたい約一千年をかけまして、さまざまなルートを通りながら中国でいったん集約されます。南の方から伝わった仏教もあれば、中央アジアからシルクロードを通って入った仏教、様々なルートがあって、いったん中国に入ります。

中国で集約されたという事をわれわれはどのように受け取ればいいのかということは日本仏教には重要なことになります。仏教は、世界三大宗教の一つですが、仏教の特徴といいますのは、信仰の対象を造形してきた歴史を持っていることです。

その造形化されてきた素材は、石、粘土、金属、木材であったり、紙であったりと、仏像を造る素材がいろいろ選ばれてきました。この素材の多様性が仏教の通ってきた道筋の多さを示していると思います。

仏教が中国で一端集約され、そして朝鮮半島の先端を通って、わが国に入ってきます。六世紀半ば頃、五五二年、あるいは五三八年の二説がありますが、百済《くだら》の聖明王によって仏教がプレゼントされたことは有名です。それから廃仏あるいは崇仏の論争を経まして、仏教を信仰しようということで取り入れていくことになるのですが、その後、二百年ばかりは、国家が主導する「国家仏教」という形で推移しまして、奈良の都を中心に仏教寺院が建てられます。

しかし、これは国家が仏教を利用しようとしたもので、ただちに日本列島各地に仏教が浸透し、お寺が建てられたということではありません。やはりその時間差を考えてみる必要があります。そこで、日本国土の規模で仏教の浸透を考えますと、今、われわれが問題にしようとしております平安時代の半ばぐらいに、全国的な規模で浸透をしていくことがわかっております。

地方への仏教寺院の伝播ということを考えますと、これは中央の権力の衰退と反比例しております。そして地域での発展が大きく飛躍すると同時に、地方に様々な寺院が建てられるということです。つまり、律令体制の崩壊とともに始まる地方の発展ということと非常に密接に関係するものと思われます。

これが仏教史的に考えて、どのような意義があるのでしょうか。わが国に仏教が伝わりました時には僧侶たちに対して験力が期待されていました。つまり、仏を拝むことによってわれわれ世俗の人間が、どういうメリットを受けるのかということです。その力を養うために僧侶の多くは山岳へ入って、修行しました。敏満寺でも役小《えんのお》角《づぬ》[6]が来山したというような伝承もありますが、その伝承の真偽は別としまして、仏教史の底流としていわゆる修《しゅ》験的《げんてき》なものは十一世紀ぐらいにひとつの体系を持つようになります、非常に日本的な性格の宗教が成立しました。その山で修行し験力を得た人たちが住まう場所として仏教寺院が建てられます。彼らの修行で何を期待されていたかというと、水を治める力（雨を降らすことや、水利灌漑事業）です。この水を治める力に何らかの成果をもたらすことによって地方に寺院が建立されると考えられます。

敏満寺草創の伝承に関わる話として敏満童子《どうじ》[7]が敏満寺を開いたという伝承が伝わっております。この近くの西《さい》明寺《みょうじ》（甲良町）におきましても三修上人《さんしゅうしょうにん》[8]という、伊吹山で仏教の修行をした人が西明寺を開いたという伝承も伝わっております。そういう伝承の源はおそらく九世紀の末ぐらい、あるいは十世紀に入ったぐらいから、これらの伝承を生む何らかの活動が見られ、それが今申し上げた童子という形で記録や記憶に留められているという気がします。

この多賀の地域は南には犬上《いぬかみ》川が流れ、北には芹《せり》川が流れております。この二つの水系、あるいは水流によってこの地域に農業が開発されていったことはまず間違いありませんので、この辺りとの問題も含めて敏満寺がいつ頃創建されたのかということも考えてみることは、興味深い大きな課題ではないのかと思います。

しかし、何度も申し上げましたように、文献的な資料が一切確認できないので、なかなか断定的に申し上げることは出来ません。他の寺院や地域との比較をしながら、ある程度の大胆な推測をしてみる必要もあります。

本日は、そのような事もどこか頭の隅においていただき、これからの先生方の専門的なご説明を受けながら、後に討論を持ち、もう少し全体像をまとめていきたいと考えております。

《注》

① 「滋賀県史跡調査報告書第十二冊」一九六一年滋賀県教育委員会

② 「敏満寺遺跡発掘調査報告書」一九八八年滋賀県教育委員会・(財)滋賀県文化財保護協会

③ 「多賀町埋蔵文化財調査報告書第九集」一九九四年多賀町教育委員会

④ 「滋賀埋文ニュース第23号」一九九九年滋賀県立埋蔵文化財センター

⑤ 一一二一—一二〇六年、平家の焼打ちにあった東大寺再興において六十歳で総勧進職に任命され活躍した。浄土教と密教を融合した独特の布教活動を展開したことは有名。

⑥ 奈良時代の呪術者で、後世に修験道の開祖とされる。

⑦ 慈証上人の三人弟子の一人

⑧ 伊吹山に魅せられ、朝廷に奏上して、伊吹山の定額寺となりたいと願い出た僧。

敏満寺に伝承する美術工芸品

滋賀県立近代美術館　髙梨　純次

宇治の平等院に伝来する荘園だと記録をされております。

本日の話を非常に簡単な年表（表1）のようなものでまとめてみましたのでご覧下さい。天治二年（一一二五）の三月というのが、この「敏満寺」の初見であると、一般的に言われていると思います。実際にこれを「びんまんじ」と読むのかどうか難しいところかと思いますが、これは後世に編集された書物（写真1）の中に天治二年の三月付けで「長吏《ちょうり》坊政所《ぼうまんどころ》下文《くだしぶみ》　平等院領」というような表題を持った文書があります。これは敏満寺の「四至《しいし》」[9]、即ち土地の確定をして、その中でいわゆる「力《りき》役《やく》」という公役《くやく》の免除を承認した文書の写しであります。ここには「平等院領」とされ、同じ編纂物の中に、例えば承元四年（一二一〇）一月や、寛元四年（一二四六）に「大与度荘《おおよどのしょう》」という荘園の名前がありますが、これは基本的には摂関家（藤原家）に伝わった荘園の中でも、

表1

1125年（天治２年３月）	「敏満寺」の初見（敏満寺事書所収） 木造聖観音像（写真２）この頃
1178年（治承２年８月）	この頃より、火災などが起こるが霊験によって免れる（縁起）木造僧形神像（写真３）この頃
1183年（寿永２年３月）	兵火のために焼失する（縁起）
1186年（文治２年２月）	再建が開始される（縁起）
1187年（文治３年10月18日）	倫円を導祖として５間４面を７間４面に拡張して再建された本堂を供養する（縁起）
（11月３日）	重源によって寄進された藤原伊経の手になる額が打ち付けられる（縁起、作善集） 木造地蔵菩薩半跏像（写真４）この頃か
1198年（建久９年12月19日）	重源、舎利を五輪塔に納入して寄進（刻銘、寄進状）
1205年（元久２年12月17日）	重源、敏満寺に法華経会への勧進を求める（重源書状）
1210年（承元４年１月）	大与度荘の２町が一切経会料とされる（敏満寺事書所収下文案） 銅造毘沙門天像この頃か
1246年（寛元４年閏４月）	大与度荘の２町が大般若供料とされる（敏満寺事書所収下文案）
1264年（文永元年３月20日）	仏舎利が敏満寺に奉納される（仏舎利相承図）

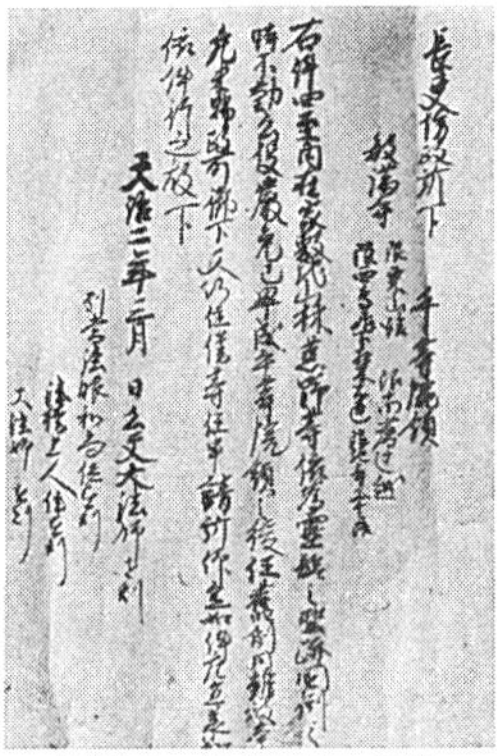

写真１　政所下文（写）

長吏坊政所下文　　平等院領
敏満寺、限東山後　　限南薦辻路
限西鳥居下相木大道、限北寺登路
右伴四至内、在家、敷地、山林、荒野等依　為　霊験之聖跡
国衛之時不　勤　公使　厳免已畢、成　平等院領　之後
任　旧例　同雖　被　奉免　未　賜　政所御下文
仍住僧等、任　申請　所　仰定　如　件　庄宣承知、依　件
行　之故下
天治二年三月　日
公文大師（花　押）
別当法和尚（　〃　）
法橋上人（　〃　）
大　法　師（　〃　）

写真２　木造聖観音立像
木造・古色　像高97.7㎝

写真３　木造僧形神像
木造・古色
像高29.3㎝

平等院というのは、複雑な寺でありまして園城寺《おんじょうじ》（三井寺）の中に平等院という院がありまして、宇治の平等院は園城寺と関わるお寺だと理解されております。このことから、この文書を信用すると、平安時代には敏満寺は何らかの形で平等院、さらに園城寺と関係があったといえると思います。

そこで、この敏満寺に伝わっておりますその仏像などでみますと、観音像（写真2）とお坊さんの形をした神像（写真3）があります。この二体は、一一〇〇年代あたりの平安時代最末期の仏像として考えています。ただ、こういう言い方をすると罰が当たりそうですが、あまり大きなお寺の立派な像であったとは言いにくいというのが正直なところであります。

そういう意味からいいますと、土井先生からお話がありました、「平安時代の文献的な資料があまりない」ということは、推測ではありますけども、平安時代の敏満寺は、そんなに大きなお寺ではなかったのではないかと思わざるを得ないと思います。こんなことを地元で言うと怒られるかもしれませんが、彫刻史という観点からいいますとそういうところがあります。

ところがコペルニクス的な展開をしていくのが、この十二世紀の後半ではなかろうかと思うわけです。幸か不幸かこの敏満寺には「縁起」があります。草創は、聖徳太子が…とかいう話になっていますので、いささかどうなのかなということになりますが、少なくともこの十二世紀、一一〇〇年代の終わり頃の事例は、この敏満寺に残っております他の文化財との対比の中で、それなりに敏満寺の真実を証明できるように思います。

その縁起によりますと、治承二年（一一七八）に「火事が起こった」とありますが、仏さんの霊験《れいげん》によって被害から免れたということであり、さらに寿永二年（一一八三）の三月に「兵火のために焼失した」と書かれております。これは簡単にいいますと源氏と平氏の内戦の中で兵火にあったものと理解されます。結果的に、このお寺は文治二年（一一八六）から「再建が開始される」と縁起には書かれております。

それで翌年の文治三年（一一八七）十月十八日に、「倫円《りんえん》という人を供養導師《くようどうし》にして、従来五間四面であった本堂を七間四面に大きくして再建した」と書かれています。「十一月三日に重源《ちょうげん》によって寄進された藤原伊経《これつね》の手になる額が打ち付けられた」というようなことも縁起に書かれております。ここに「倫円」という人が供養導師とありますが、この人は園城寺の別当《べっとう》職になる三井寺の僧侶でして、一二〇四年に八十九歳で没したということが記録されています。逆算しますとだいたい七十二・三歳の時に、敏満寺再建の供養導師をしたということになります。

それと重源によって額が寄進されたということですが、これは藤原伊経という人が書いたということであります。この人は当時の能書家として有名な、世尊寺流《せそんじりゅう》の書をたしなむ貴族です。治承四年（一一八〇）に平重《しげ》衡《ひら》[10]の南都焼き討ちによって東大寺などが焼けるのですが、その再興を重源が中心となって行なっています。その東大寺大仏の開眼会の願文を清書したのが、この藤原伊経であります。

ちなみに『南無阿弥陀仏作善集《さぜんしゅう》』という書物がありますが、これは重源が生涯にどれほど仏教的なことで善行を施したかということを全部書き上げたリストです。そこに「近江国彌満寺」これは敏満寺であろうと思われますが、そこに「奉施入銅五輪塔一基奉納仏舎利一粒額一面」と書かれておりますので、この「額」はまさに『南無阿弥陀仏作善集』の記述と、ものの見事に合致していることになります。

それと、みなさまご承知の敏満寺に伝わりました「銅製の五輪塔」（口絵頁ⅱ）がございます。これは建久九年（一一九八）の十二月十九日に、重源が舎利《しゃり》を五輪塔に納入して寄進したということであります。重源の寄進状には「舎利一粒を寄進する」とあります。五輪塔の底にある刻銘には、「舎利塔には二粒納入した」とあります。寄進状には舎利を一粒寄進するとあり、「以前の舎利を相具《あいぐ》し」という文言がありますので、そういう意味で重源は、建久九年以前に一粒敏満寺に舎利を寄進していた可能性があると思われます。

この重源の寄進状の最後の行に「謹上　木幡《こわた》執行《しぎょう》御坊《ごぼう》」と書かれておりますが、敏満寺の縁起を見ておりますと、「木幡谷《こわただに》本堂」と記されていますので、この「木幡執行御坊」というのは敏満寺の責任者というような立場の人を指しているのではないかと思います。ここで、明らかに重源が敏満寺に介在していたことが分かります。同時に、仏像の在り方も非常にコペルニクス的な展開を遂げていくということがわかります。

木造地蔵菩薩半跏像《はんかぞう》（写真4）、銅造毘沙門天立像（写真5）、銅造大日如来坐像（扉・写真8）の三体は、明らかに重源と深い関係にある日本の造像界をリードしていく奈良仏師の「慶派《けいは》」、いわゆる運慶・快慶を輩出した仏師集団の人達に関わる像といえます。

例えば、木造地蔵菩薩半跏像は、「玉眼《ぎょくがん》」という手法を用いています。玉眼というのは目を刳り抜いて、そこに水晶を入れたものです。人間的な目の輝きをみせるものです。こういう技法を取り入れるのが奈良仏師です。

この地蔵菩薩半跏像は、たぶん十二世紀の終わり頃に造られたと思うのですが、近江国内で現在残っているもので、玉眼が使われた非常に早い事例と考えられます。明らかに慶派が何らかの形で、この敏満寺に介在したということがいえるのではないかと思います。

現在、敏満寺には仏舎利相承図（写真11）というものが残されております。これは、今後の課題として少し考えてみたいと思っていますけれども、静岡県の伊豆にある願成就院《がんじょうじゅいん》というお寺に、運慶が文治二年（一一八六）に造った仏像があります。そこに木札《もくさつ》が納入されていて、その最後に「執筆南無観音」という人物が記されています。仏舎利相承図の中に平清盛から仏舎利を預かった人物に「観音房号南無仏《なむぶつ》」という人があります。これは、小山正文さんという方が最初に注目されたのですが、研究者の中には、仏舎利相承図というのは、あまり信用できる史料ではないという方もおられます。この仏舎利相承図が何故、重要かと申しますと、平清盛が祇園女御子といいますか、要するに「白河法皇のご落胤《らくいん》」ということが記されている史料だからです。観音房号南無仏という人物が記されているのですが、どうもこれは運慶の仏像の木札に墨書《ぼくしょ》した「南無観音」という人に関わるかもしれないと思います。そういう意味では、敏満寺は中世になって平家物語系統の説話みたいなものと関わってくるのかと思われます。時間の都合で詳しいお話は出来ませんでした。

少し彫刻史からはずれる話でしたが、運慶のことを考えるについても敏満寺は何か材料を提供してくれるのかなと思います。

写真７　木造僧形神像
木造　像高20.7㎝
鎌倉時代から南北朝時代

写真５　銅造毘沙門天立像
鋳銅製・鍍金　像高11.8㎝

写真４　木造地蔵菩薩半跏像
木造・古色・玉眼
像高50.8㎝

写真８
銅造大日如来坐像
（扉）の側面・背
面・像底部
鉄銅・鍍金
座高13.7㎝

写真６　木造僧形神像
木造　像高21.7㎝
鎌倉時代

写真9　大日如来坐像（この像内に銅造大日如来坐像が納入されている）

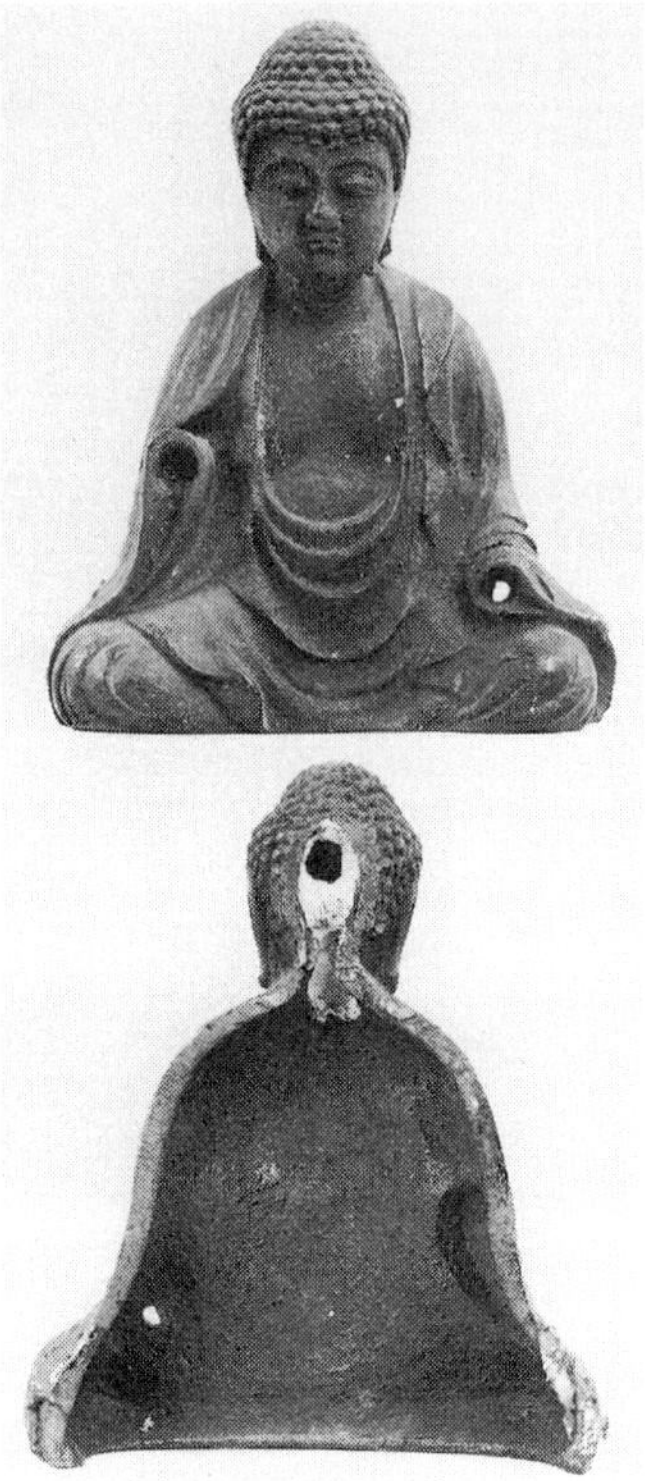
写真10　金銅仏

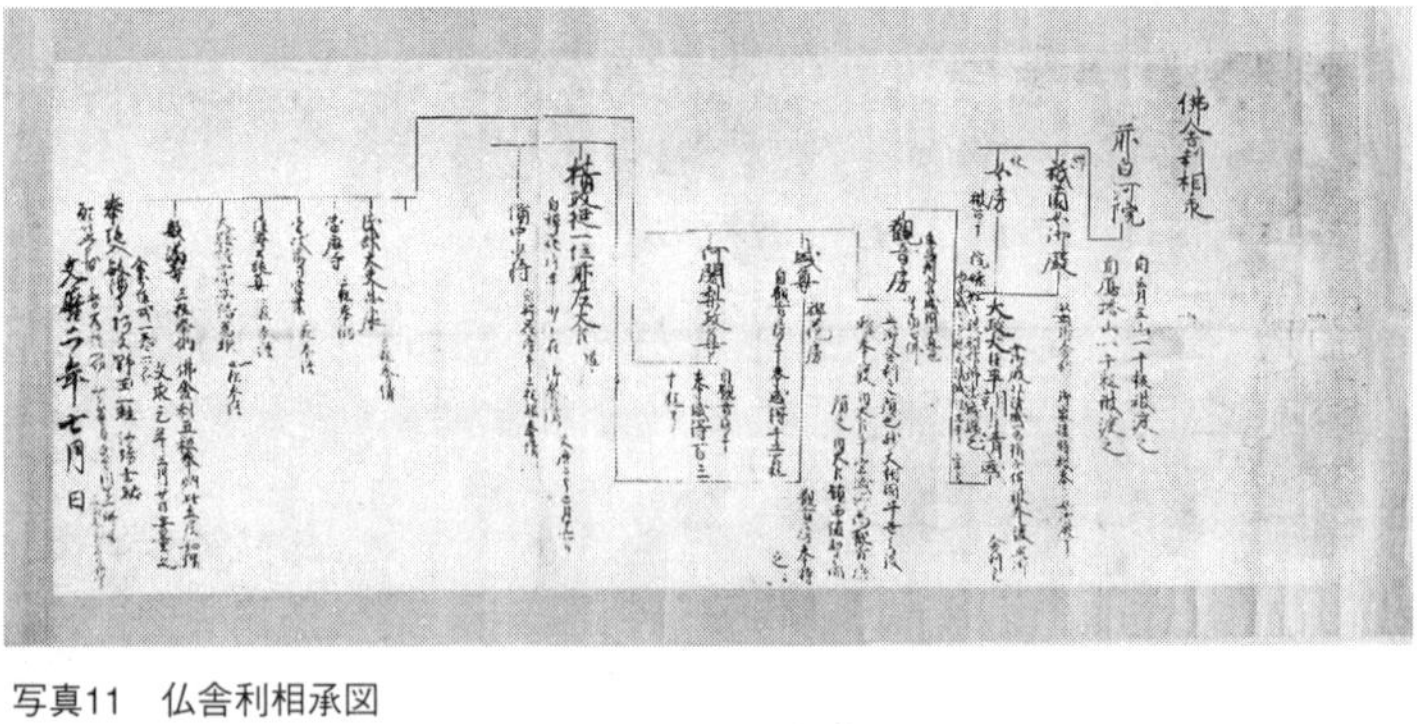
写真11　仏舎利相承図

〔スライド解説の要約〕

写真2の観音像は、焼けたり雨が当たったりして非常にかわいそうな姿になっています。十二世紀ぐらいの平安時代の像であります。

写真3の神像は平安時代終わり頃の像だと思います。土井先生の話にもありましたが、敏満寺には神様の地として青龍山という非常に美しい山があって、山頂には岩磐《いわくら》もあるそうですが、そういうものと関わるのかもしれません。横の姿をご覧ください。平安時代の後半の像というのは非常に薄くなります。前後の立体感がなくなってくるということですね。背面も小さい像ですが、非常に凝った仕上げで、それなりに上手な仏師が介在していることには間違いありません。

神像は、三体程敏満寺に残っていますが、あとは鎌倉時代とか室町時代の像です。写真6は鎌倉時代ぐらいの僧《そう》形《ぎょう》の神像だと思います。写真7も神像の類です。少し時代が下がって鎌倉時代から南北朝時代ぐらいと思います。

写真4は慶派がたぶん介在したであろうと思われるお地蔵さんでありまして、目に玉眼という、非常に新しい技法が使われております。背面は先ほどの神像と同じような衣の着方をしており、衣の表現は精緻な彫り方がされています。底から見たところでは、一本の木から体の中心を造り、一回前と後ろに割って内刳《うちぐ》りをしていくといういわゆる割矧《わりは》ぎという技法で造られています。そういう意味では正統的な技法をもった仏師が介在しているともいえます。

扉と写真8は金銅仏の大日如来坐像であります。非常に小さい像ですが、この敏満寺に伝わっているものの中では、優作だと思います。運慶と同世代の快慶という有名な仏師がおります。快慶の作とされる瀬戸内海の中にある耕三寺《こうさんじ》の阿弥陀如来像は、もともとは熱海温泉の近くの伊豆山《いずさん》というお寺の常行堂《じょうぎょうどう》の本尊として快慶が造ったものですが、この像はこれに非常に近いものです。耕三寺のこの像は、建仁元年（一二〇一）に造られたことがわかっておりますので、この金銅仏もほぼこの時期に造られていると推定されます。側面などを見ると、たいへん小さい像ながら、こういう髪の毛の表現も非常に細かく仕上げています。で、体の中心部分を一鋳《いっちゅう》して、肩から先は別鋳して、落とし込みでアリ枘《ほぞ》状にはめ込んで造っています。背面も見えない部分ではありますが、非常にきれいにつくられております。像底から見ると、鉄芯を付けて型持をおいて非常にきれいに仕上げる鋳造技術によるものです。

写真9は銅造大日如来坐像を納めていた木造の大日如来坐像です。像内の金銅仏はかわいらしい像ですので、江戸時代に二回程盗まれたようで、木像の底に銘文があります。読んでみると仏像がこうして盗まれたということが書いてあります。

写真5の金銅仏は非常に小さい毘沙門天の像です。お腹がわりと長いというのは、運慶の次の世代の湛慶《たんけい》という人の仏像に近いもので、十三世紀の前半の像と思われます。

写真10も金銅仏ですが裏側（背面）が平らなので、いわゆる「懸仏《かけぼとけ》」であったと思います。懸仏の残片ですが非常に優れた作例であったと思います。その裏側ですね。こういうように平らなので、鏡板《かがみいた》という板に打ち付けて、本堂の上などに奉納していたものです。

口絵頁iiに重源の寄進した五輪塔があります。ここに四天王が毛彫《けぼ》りをされています。この水晶の中に舎利が納まっています。底面の銘文には「造東大寺大和尚南無阿弥陀仏」と署名がされています。

口絵頁ivが寄進状で、ここに大和尚という重源の花押が書かれています。

写真11が仏舎利相承図であります。ここに観音房という人物がありますが、平盛国の息子というふうに記されています。平盛国というのは平清盛の大番頭みたいな仕事をしていた武将ということになります。

長くなりましたが、申し上げたかったのは、「鎌倉時代になって敏満寺の仏像は非常に様相が変わってしまう」ということでございます。

《注》

⑨　田地・屋敷地などの境界。

⑩　平清盛の子。

21 講　演

敏満寺城

米原町教育委員会　中井　均

昭和六十三年に名神高速道路上りの多賀サービスエリアで発掘調査が実施されまして、「土塁《どるい》」という土を盛り上げて周りを囲んだ、寺には似つかわないような遺構が検出されました。その連絡を受けてすぐに見に行き、これはすごいものが発見されたなと思いました。私は今日、仏教史とは違った視点、中世寺院の城塞化《じょうさいか》という現象、何故寺が、防御的な機能をもつことになったのかという話をさせていただきたいと思います。

何故寺が城を持つのか?と、聞いていて違和感があるわけですけれども、「寺と城」というよりは「宗教と戦争」として理解していただけたらと思います。中世に入りますと巨大な寺は、当然巨大な荘園を領有して各地の大名たちと戦うということが盛んに行われます。ご多分にもれず、敏満寺も中世になりますと巨大な寺院として、寺を守る施設を造ったのであろうと考えられるわけです。

遺構の平面図（第1図）を見ますと、周囲に土塁がまわっているのがわかっていただけると思います。何がすごいかと言いますと、西側の土塁の方が低くて、東側の方が高くなっておりますが、これは非常に自然の理にかなっているわけです。西側は舌状台地の縁辺部で急斜面となっておりますから、そう土塁を盛らなくても自然の急傾斜地があるということで防御になるわけです。反対に東側につきましては地続きになりますので、やや高い土塁を造っているというように、非常に上手い具合になっているわけです。

また、一番北の端がちょっと幅広くなっておりますので、おそらくここには物見の櫓《やぐら》などが建てられていた可能性が高く、典型的な戦国時代の「山城」構造を示して

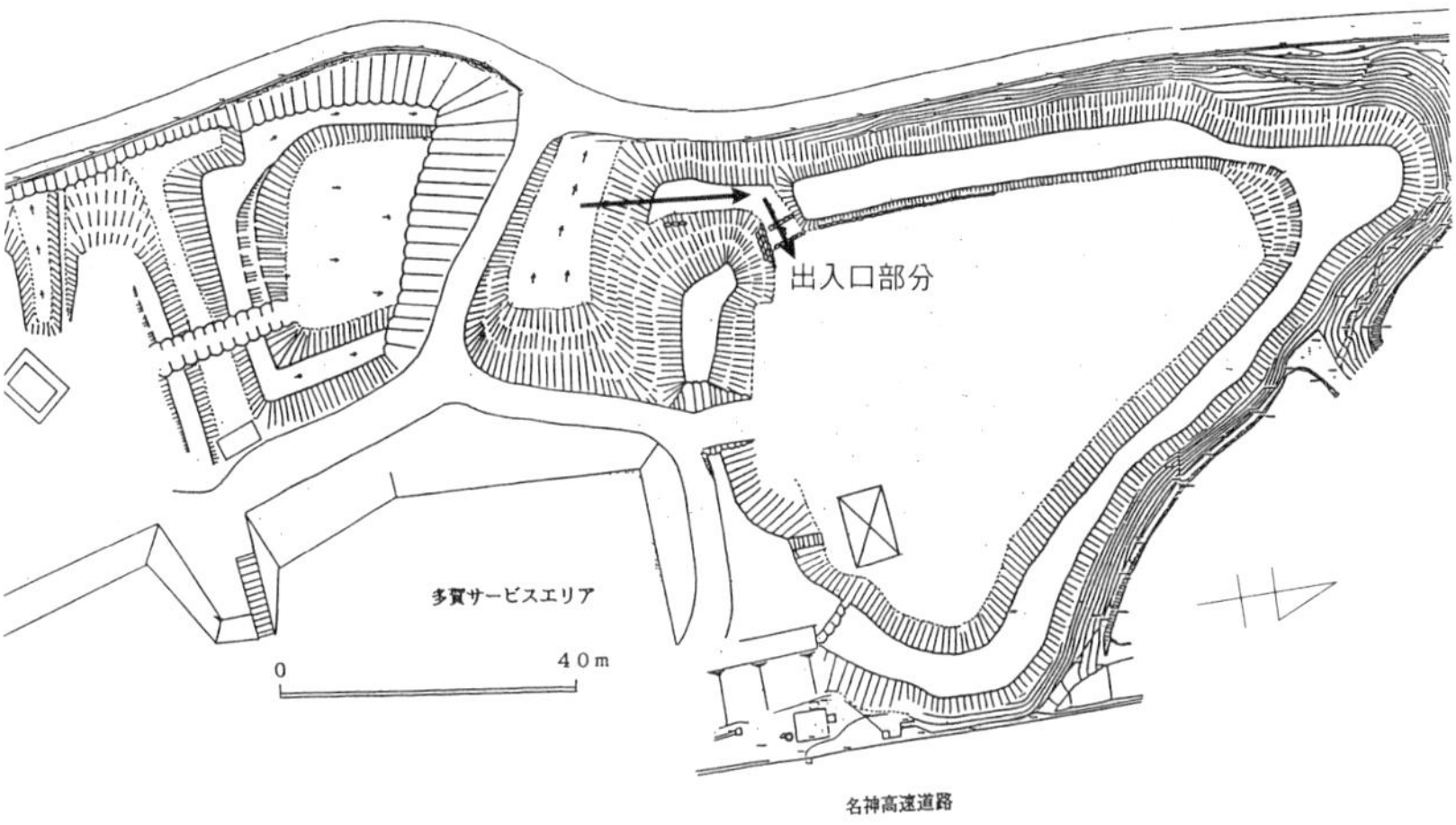

第１図　敏満寺遺跡で検出された城郭遺構の概要図（中井均作図）

おり、戦国時代の城と全く同じ形をしています。

　ここで、寺院と比較してみますと土塁に囲まれた寺院、これは当然存在するわけでして、坊と坊の間を区画する築地塀《ついじべい》や土塀の代わりに土塁を使っているという事例もございます。ただし注目したいのは、この土塁の南側に幅がおそらくこの会場の縦の幅ぐらい（一〇メートル）あるような巨大な「空堀」が設けられていることです。寺には土塁が存在しても空堀はつくらないだろうと思われます。つまり敏満寺遺跡で検出された遺構は、やはり防御的な機能を持った施設、「城郭」ではないだろうかと考えられます。おそらく、敏満寺の一番西側をここで守ろうという考えだったのでしょう。

　戦国時代、敏満寺に軍事的な緊張状態というのは、どのくらいあったのでしょうか。ひとつは浅井長政が永禄三年（一五六〇）、もしくは永禄五年（一五六二）にこの敏満寺を攻めたという記録がございます。それからもうひとつは、元亀二年（一五七一）に比叡山の焼き討ちをした信長が、翌三年に敏満寺を攻めているという記録がございます。わずか十年ほどの違いですので、この遺構の構築年代がどちらであるかを決定するのは非常に難しいわけです。この発掘調査で検出されました遺構は、井戸とか建物の遺構があるのですが、それは一度の焼土、つまり一回焼けて廃絶しておりますので、非常に短期間しか利用されなかったことが推測されます。二回にわたって造られてはいないと思います。ですから、どちらかの一時期に使われたのであろうと考えられます。

二つの構築年代を考えるうえで注目したいのは敏満寺遺跡で検出された出入口であります。この出入口が真っ直ぐ入れないようになっています。一回曲がらないと入れないという構造が敏満寺遺跡の特徴です。寺ですと門といっていいかと思いますし、あるいは出入口と称してもよいかと思いますが、城郭の場合は門のところを「虎《こ》口《ぐち》」と呼んでおります。で、この敏満寺遺跡で検出されました出入口は、明らかに直進を避けて一度折れ曲げさせています。彦根城や姫路城へいかれますと、城の門は絶対に真っ直ぐ入れない。いろは松から彦根城へ行っていただきますと、まず真っ直ぐ行くとぶつかって右に曲がってさらに左に曲がる「枡形《ますがた》」という施設を設けています。敏満寺遺跡で検出された出入り口は、その祖形に当たるのです。

県内では、同じように一度折れ曲がる「一折《いちお》れ」という虎口が信長の造った宇佐山《うさやま》城《じょう》という大津の近江神宮の裏、宇佐八幡宮がございますけれども、その背後にある宇佐山城という城と全く同じ形をしておりますので、城郭史の観点からいきますと、永禄五年のものではなく、元亀三年の信長の敏満寺攻めに対して、敏満寺側が設けた施設と考えられそうです。

こうした虎口が検出されたことから敏満寺遺跡は敏満寺城と呼んでもよいのではないかと思います。

門になるような礎石[11]が検出されておりますし、それから安土城に先行するような「石積み」も検出されております。日本でおそらく一番古いだろうとされております観音寺城という安土町、五個荘町にまたがる、近江の守護だった佐々木六角氏の本城には、すでに天文五年（一五三六）ぐらいに石垣が築かれます。ここでは文書によってどうも金剛輪寺（秦荘町）がその石垣と関わった可能性が非常に高いので、この敏満寺でも同じように巨大な寺院の中で石工やあるいは石積みの集団がいて、こういった防御の要になるところには石を貼り付けたのだろうというふうに考えてよいと思います。

問題は、この出入口へどのようにして入ったのかということです。この前面には幅十メートル程の巨大な堀切《ほりきり》がありますので、堀底を通って梯子《はしご》をかけたのか、もしくは巨大な木橋があってそこを通ってこの城に入ったのだろうと考えられます。いずれにせよ、この敏満寺の城郭遺構というのは当時の最高の築城技術で造られた防御施設であると言ってもいいのではないかと思っております。このことについては、発掘調査報告書の付論で記述したところですが、その後、全国的に戦国時代の寺院の発掘調査が行われまして、「寺と城」という単純な考え方ではなく、もう少し広い視野で考えていかなければいけないようです。

白山平泉寺《はくさんへいせんじ》（福井県勝山市・第2図）をみていただきますと、北側の尾根を全部、砦によって防御していることがわかります。白山平泉寺は一向宗、つまり浄土真宗の一向一揆とここで壮絶な戦いを繰り広げるのですが、その対一向宗との間で寺だけではなくて、このような防御施設が造られたということがわかっています。

さらに、さきほど申しましたように寺と城を広いエリアで考えてみると、この白山平泉寺では南側の真ん中ぐらいに鬼ヶ市、西側に安ヶ市、徳市というところが三箇所ございます。これは、市場つまり「町屋」のあったところですね。しかも、この鬼ヶ市というところの発掘調査では、金糞《かなくそ》つまり小鍛冶《こかじ》で出たスラッグという鉄のくずが大量に出土しておりますので、職人の住んでいたことが明らかになっております。

第2図　白山平泉寺概要図

寺と防御施設だけではなく、そのまわりには町屋があったということです。つまり、市があり、そこには商人だけではなく、職人集団がいたということがわかっています。つまり、「宗教都市」の出現としてとらえることができるのです。

　同様に、根来寺《ねごろじ》（和歌山県岩出町：第3図）をみていただきますと、やはり周辺にはたくさんの根来寺に関わる城塞群が確認されておりますし、最近の発掘調査では大量の金糞が確認される場所があり、職人が住んでいただろうということが明らかになっております。寺と防御施設だけではなく、都市機能を持っていたということです。

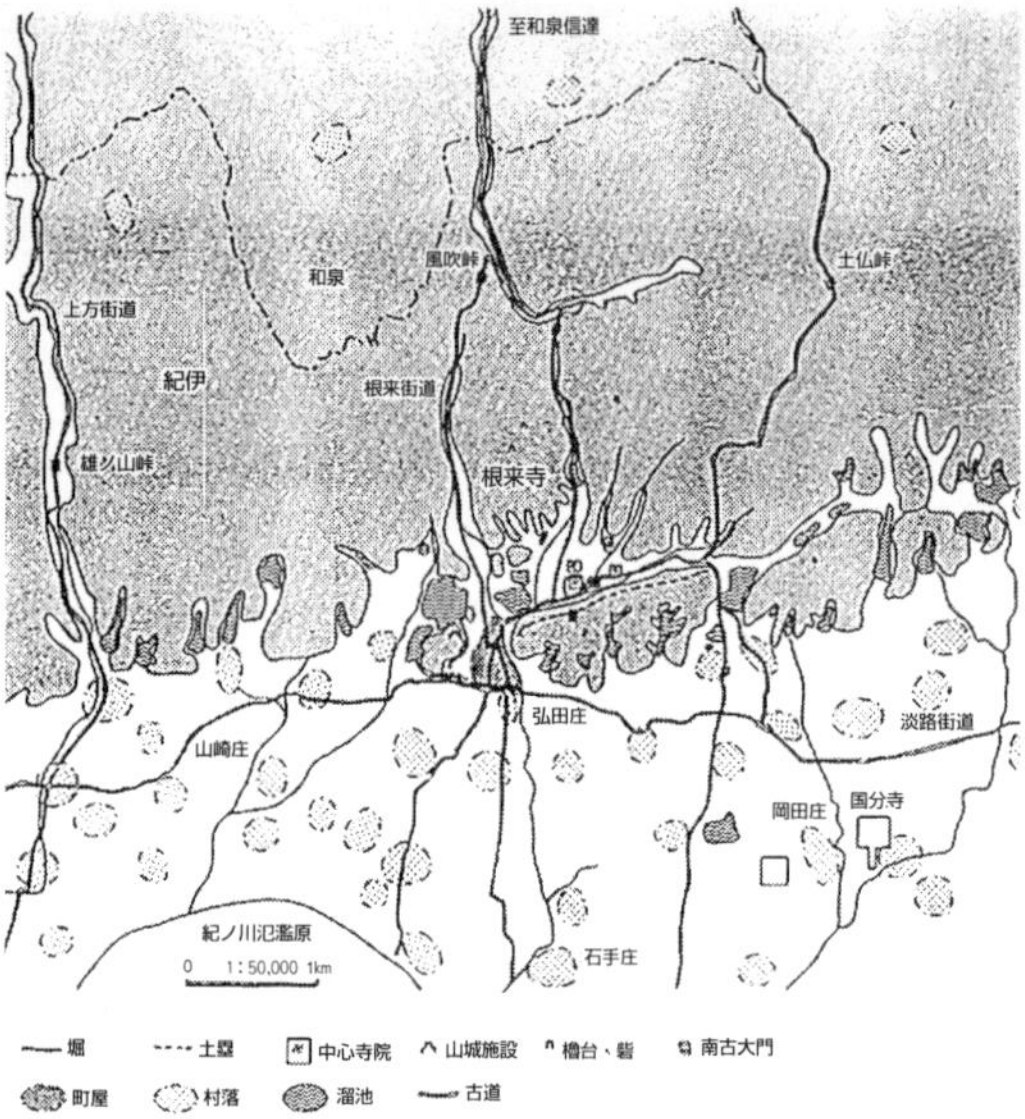

第3図　戦国時末期の根来寺周辺の様相図

　戦国時代には守護城下町、近江でいいますと六角氏の観音寺城（安土町）や京極氏の上平寺城（伊吹町）ではもうすでに城下町を構えており、定期的な市が設けられております。近世の城下町になるような、村ではなく都市が守護の城下町では出来上がっていたというのが、近年全国的にもわかってきております。戦国時代にはそうした守護城下町だけではなく、先ほどお話ししましたように白山平泉寺や根来寺では寺を中心に宗教都市が出現していたということなのです。

　敏満寺も敏満寺城の調査の後、周辺でたくさんの遺構が検出されております。この話は、後の松澤先生の方からお話いただけると思いますが、寺とはまた違った町屋になるだろうというような建物跡ですとか、あるいは大《おお》甕《がめ》という巨大な甕を埋めたような遺構が検出されております（第4図）。こういったものは、おそらく敏満寺に付属、あるいは従属するような町の可能性が非常に高いと思います。ですから敏満寺は寺とそれを守る城郭化したものだけではなく、さらに守るべきものは「宗教都市」

だったということが最近解明されてまいりました。

近年の調査で推定される敏満寺、工房、墓地といったものがすべて密接に関わって、信長の焼き討ちにより、

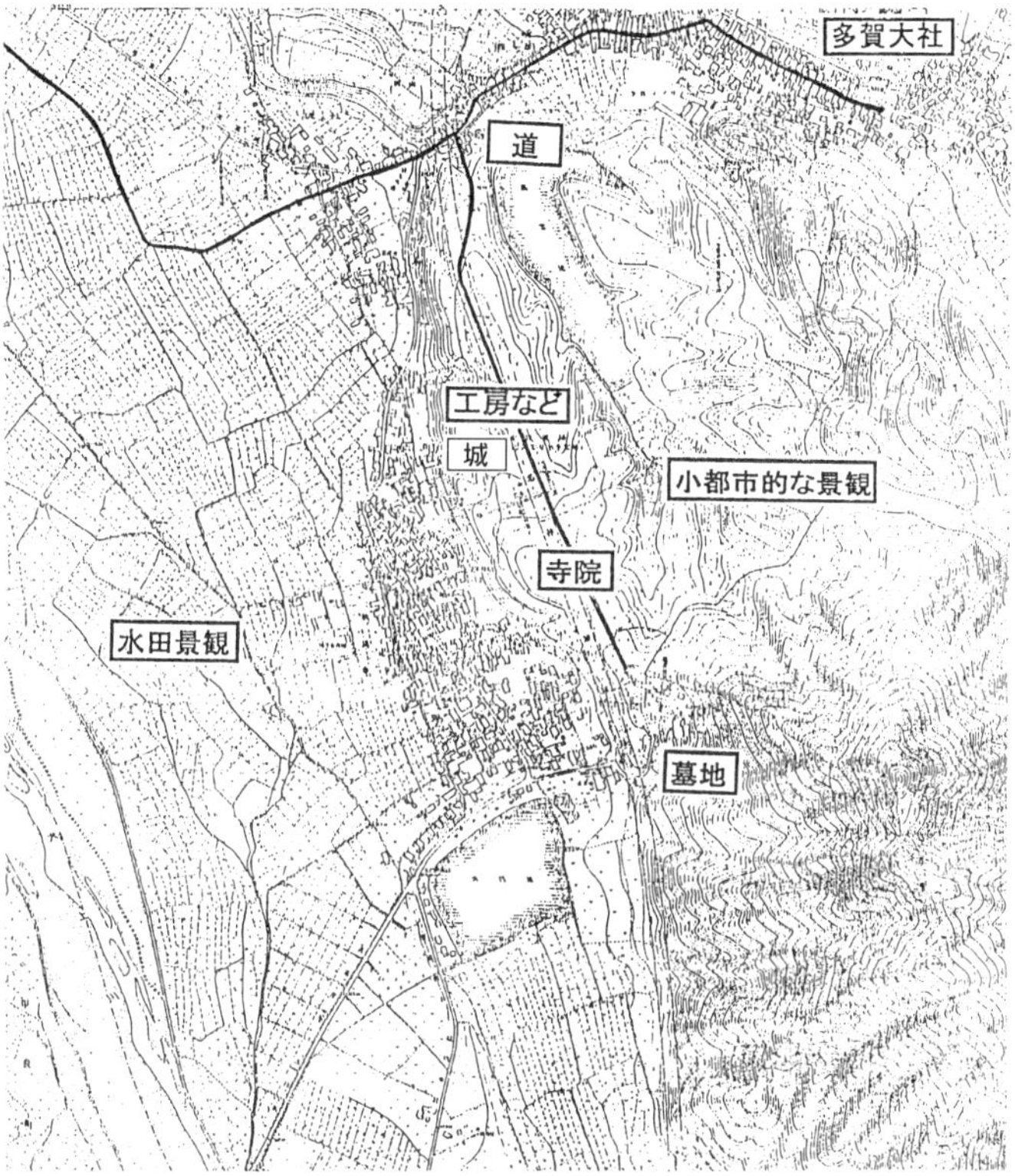

第４図　敏満寺遺跡全体の想定図

それは地上からなくなってしまったのですが、今からおそらく四、五百年前、十五～六世紀の段階には付近一帯が宗教都市であったということが明らかになりました。

単に敏満寺は寺というだけではなく、城郭化したもの、あるいは都市化した機能を持っていたということが、少しでもご理解いただければ幸いです。

《注》

⑾　建物の柱を据えるために置かれた石。

敏満寺遺跡石仏谷《いしぼとけだに》

滋賀県文化財保護協会　松澤　修

わたくしの話は、今三人の先生方からいろいろお話いただいたので、ほとんど付属する内容であまり参考にはならないと思うのですが、少しお付き合いいただきます。近年、発掘調査されました多賀サービスエリア付近では敏満寺に付属する、あるいは成り立たせている町屋の跡が発見されております。これは、だいたい大きな堀を単位としてその中に小さな堀で区画をつくり、ひとつの家を造っていたという内容です。

その区画の中にある建物跡は、掘立柱《ほったてばしら》建物、つまり地面に掘った穴に直接柱を埋めて造るような建物と礎石建ちの建物の遺構です。そして、この一つの区画の中には地下式の土坑、これは地面に大きな穴を掘ってその中に何か物を置く地下式の倉庫も確認しました。それから井戸、そして建物という三つのセットで、だいたい一つの屋敷地が構成されています。それを十メートルくらいの堀で囲んでひとつの区画をつくっている、そして、その三つの区画をさらに大きな堀で囲んで大きな区画とするというような内容です。これはだいたい十五～十六世紀のものであると思われますが、ほぼ十五世紀を中心とした時代の遺構がほとんどです。この発掘調査で、敏満寺の周辺にそういう大きな町屋群が形成されたということがわかっております。

その他にある区画では「甕ピット」とわれわれが呼んでいるものも検出されました。これは現在で言えば、藍染めをしている甕をご想像していただけたらよろしいかと思います。地面に大きな穴を掘ってそこに甕を据えまして、その中で何か保存していたという、「甕ピット」と呼んでいる遺構が出ています。この付近では百済寺《ひゃくさいじ》

（愛東町）で発掘されていますけれども、そこではこれが九個という単位で検出されています。百済寺では油をためていた甕、場所だろうと思われています。ですから敏満寺でも何かを貯蔵するか物を作っていたと考えられます。

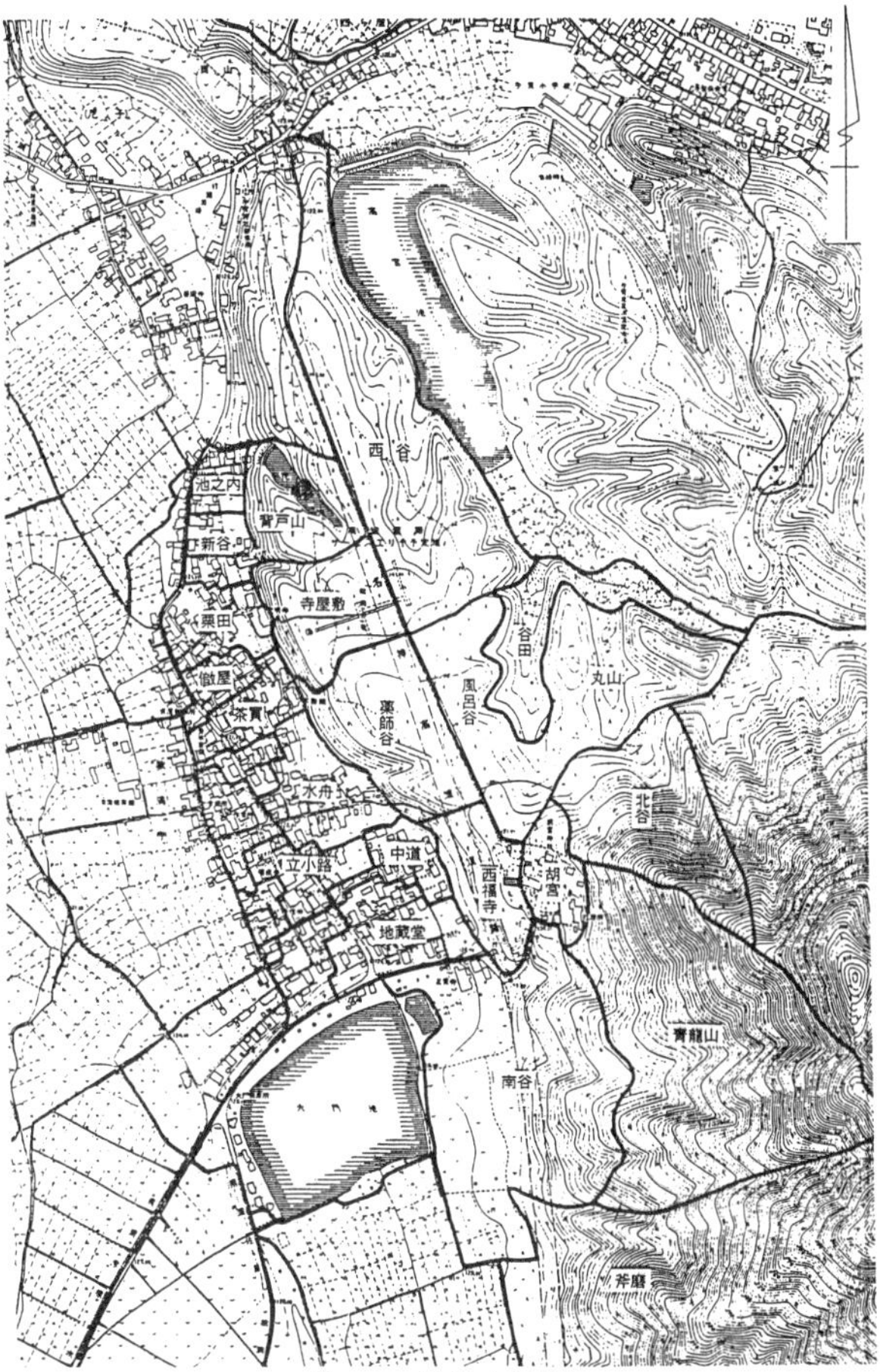

第５図　敏満寺字限図

　これからお話しますけれども、墓の跡が敏満寺の西側の山裾に多数見つかっています。そのなかで石仏谷と呼ばれているのは、南谷（第５図）と呼ばれている付近の斜面に築かれているものなのですが、そこに墓らしいものが発見されています。

　それは全国的にみても、大変特徴的な墓跡であります。なにが特徴的かと申しますと、その名前のとおり、青龍山の南谷の斜面一帯に、石仏が大量に据えられています。これは極めて全国的にも珍しいものであります。

　ここは河原か、と思うぐらい石が散乱しています。それをよく見ますと、ひとつのまとまりがあるのです。さらにそのまとまりを見てみると、この斜面全体がひとつのまとまりごとに色々な段階に分かれています。斜面をひな壇状に成形して、石組みを作っているということがわかります。ですから、ここは他の調査の事例から考えまして、間違いなく墓地であったということです。

そこでもうひとつ興味深いのは、その墓の周辺に非常に大きな石があることです。これは石仏谷の北側斜面の上と下の二箇所に認められる非常に大きな石です。何かと考えたのですが、どうもその石の外側、つまり北側あるいは斜面の上方には墓と考えられる施設は点々とありますが、その石のなかにあるよりは遙かに少ないのです。ですから、ここは墓だよ、あの世とこの世の境だよと、いうことを示している「結界石《けっかいせき》」だと考えています。これは、全国でいろんなところで墓が掘られておりますけども、ここでしかない貴重な資料だと思います。

そこで、こういう石組みをもう少し詳しく観察しますと、ひとつのまとまりが確認できます。そういうものから実は墓の単位、家族構成とか、ここの墓を築いた人たちがどういう系統で住んでいたかということを類推することが出来ることになり、そういう極めて貴重な資料が残されているということです。

さらに墓をひとつひとつ観察しますと三つの大きなタイプに分けることができます。一つは、大きな石で区画を作って、その中に小さな石を並べて塚にしていくものです。二つめは大きい石で塚を作ってしまうもので、これもやはり方形です。それから三つめは円形に石を並べ、塚を作るものです。この三つのタイプのうち、これまでの感じでは、最初のタイプが一番古くて、だんだん新しくなるだろうと考えております。

石仏谷は町教委の方で、何回か測量調査とか、簡単な収集作業を行なっておられますが、そこでの成果では、石仏の他に石造りの五輪塔、一石ずつ分けて造る五輪塔と一つの石で造る一石五輪塔と呼ばれている石造の遺物がみられる。その他に陶磁器が出ております。これは、だいたい産地から申しますと愛知県の知多半島の常滑焼《とこなめやき》と愛知県の瀬戸焼の製品がほとんどでして、それ以外に在地の信楽焼あるいは石川県の珠洲焼《すずやき》も確認しています。さらに特筆すべきことは、中国から輸入された青磁《せいじ》の器が出土していることです。当時の中国製青磁はとても貴重な品でありますし、古瀬戸の焼物でもなかなかいい品物が出土しておりますので、かなり裕福な人たちの墓ではないかということが遺物から考えられます。

＜スライド解説の要約＞

写真12のように大量の石造物があります。

口絵頁v上の写真が区画された外側の石組みです。その中に石仏・五輪塔が点々と入っています。

石仏はだいたい阿弥陀さんです（写真13）。阿弥陀定印《じょういん》を結んでいます。

写真12

写真13

写真14は道の跡です。

写真15の手前にあるのが結界石です。このような巨大な石がどんと座っています。この付近には、そのような石がありませんので、他にもあったものをここを造るときに取り除いたか、あるいは持ってきて据えたのか今はわかりませんが、はっきりわかるように置かれています。

口絵頁vの下の写真のように、この平坦な部分がさらにもう一段上で平坦になっています。要するに斜面がひな壇の

写真14

写真15

ように造られています。そこに墓が連綿として築かれています。

申し忘れましたけれど、陶器は全部、骨を納めた蔵骨器《ぞうこつき》と呼ばれているものですが、それはだいたい十三世紀の初めから十五世紀中頃くらいまでのものです。そして、石仏はもう少し新しいと思います。十五世紀の後半~十六世紀にかけてのものなので、最初の頃の墓が造られた頃の石仏ではないと思います。ですから、こういったものはみんな後世に供養として置かれたと今は考えております。

これ以外にも敏満寺の周辺では、例えば現在の胡宮《このみや》神社の庭園の裏山ですとか、あるいは今駐車場になっております部分にも、これと同じようなお墓が築かれております。ですから、青龍山《せいりゅうざん》の山麓一帯にこういう墓が作られているのではないかとも考えています。これは非常に数が多いものですから、単に寺のお坊さんだけが埋まっているのではなくて、都市の住人たちの墓を自分たちを守ってくれる青龍山のふもとに築いたものだと考えていただいたらいいかと思います。

ですから、青龍山の敏満寺という寺を拠り所として集まったのか、あるいは町屋があって敏満寺という寺が造られたのか、その前後関係はまだわからないのですが、そういう一体感のある空間として青龍山の山麓、敏満寺の周辺に巨大な都市空間があったと推測されます。それはおそらく交通関係、つまりここは「交通の要所」にあることとも関係しています。今後そういう方面で発掘調査や文献の調査などで、どんどん確かめていかなければならないという内容です。今後遺跡を整備して、われわれがそのタイムカプセルの中に入れるように、これからも検討していかなければならないと思っています。

討論

出席者
土井通弘
髙梨純次
中井均
松澤修
林清一郎（司会）

林　ここで、石仏谷の整備について、町の方でどのように考えていただいておられるかをお聞かせいただきたいと思います。幸い教育長もお見えになっておりますので、石仏谷が重要な史跡であることを認識していただいて、遺跡の活用等についてのお考えをお話しいただきたいと思います。

教育長　すばらしい私たちの地域の宝物として、町としましてもみなさんのご協力を得ることによって適切な保存等をしていくように考えている次第です。また、具体的にどういう形になるとは申し上げられませんが、これだけのものを地元に持つということはうれしいことであります。基本的には全国のみなさんも来ていただけるような形の保存等を進めて行くという考えであるということで、林さんのご質問に対するお答えといたします。

林　ありがとうございます。本日ご説明いただきました石仏谷の遺跡が非常に貴重なものであると確認していただいたわけであります。遺跡が将来保存されますよう努力していただきたいとともに、町民としても協力しなければならないと思っていますのでよろしくお願い申し上げます。
それでは、みなさんには重要な問題を二十分でと無理を申し上げましたので、これだけは伝えておきたい、補足的なことなどございましたら、この場を持ちましてお伺いしたいと思います。

髙梨　補足ということでもないのですが、中世の初期での文献史料が非常に少ないなかで、彫刻にいったい何を語らせるかみたいな部分のことを少し考えてみようと思います。主に仏像よりは舎利容器といいますか、五輪塔みたいなものに比重を置いて話をさせてもらったわけですが、基本的には歴史の流れの中でこの敏満寺というのは園城寺と最初は関わりがあったでありましょうし、その後、鎌倉時代の初期に重源と関わりを持ったと考えられます。それは一体なぜなのか、ということについて美術史を飛び越えて考えてみたいなと思っているということだけ付け加えさせていただきたいと思います。

中井　さきほど実例として、白山平泉寺とか、根来寺といった遠方の話をしてしまったのですが、実はもっと近くに、例えば湖東三山の百済寺でありますとか、金剛輪寺の中にも空堀、土塁といった防御施設が確認されています。やはり信長の焼き討ちといいますか、信長と戦うためにどうも城塞化しているということが、明らかになっておりますので、やはり近江の中でも比叡山を中心とした巨大ないわゆる「寺社勢力」というのが、織田政権と戦うにあたって城塞化しているということが、読み取れるのではないでしょうか。しかし、それらは特に発掘調査されたわけではありませんので、敏満寺遺跡はそういった意味では発掘調査によってそれが明らかになった貴重な資料だといえるわけです。他のところでは地表面には残っていますが、まだ発掘調査が実施されておりませんので、敏満寺城という城塞化した施設というのは、非常に意義のあるものではないだろうかと思います。

それと、石積み（石垣）という城郭では織田信長の安土城以降にしか出現しない技術が、敏満寺遺跡の虎口でも使われているということで、石工といいますか、石を加工するという技術が、実は武士側にはなく、寺社側が持っていたものであると思われます。ですから信長の安土城というのは、彼の意志で出来たものではなくて、石工をはじめとする、様々な技術集団が中世の寺社に培われ、それが城郭に導入されたと私は考えております。そういった意味では、この敏満寺にもそうした技術者集団が住んでいて、彼らが石仏を造り、石積みを造っていたのだということで、寺社のそういう技術もこれから再評価すべきではないかなと思います。

松澤　わたしが言い残したことと言いますと、多賀サービスエリアの発掘調査の話の中で申しましたのは、だいたい十五世紀くらいの遺構の内容でございまして、それ以外に平安時代の遺構がある程度まとまって確認されております。具体的な性格等について、はっきり言えないのですが、平安時代の遺構もある部分にはまとまって存在するということを補足したいと思います。その中には平安時代の墓の跡もあります。

さらに、多賀サービスエリアの周辺には、それ以外にも平安時代の墓がありそうだというところが何箇所か存在しております。ですから他の先生方のお話のような平安時代の空白っていうのが発掘調査で、あるいは綿密な現地踏査である程度明らかになる可能性の見通しを持っています。

また、ほ場整備に伴って現在の敏満寺の集落の北側、西側などで発掘調査をしていますが、そこではかなり古い時期から遺構が認められ、平安時代を通じて存続しているという内容のもので、そういう周辺の遺跡も含めて、敏満寺の都市空間、あるいは青龍山のタイムカプセルを明らかにしていくことが、これから重要じゃないかと思います。そういう意味で、石仏谷の石造遺品、あるいは墓の形態から、どういう人達が集まって、ここにどういうものを造っているかということを明らかにしていくことが、これからの課題だろうと思っております。

林 さきほどの髙梨さんのお話にありました、藤原伊経の手になる額は現在残されておりませんけども、その額を重源に届けた経過がわかる文献が残されていたということがわかり、私どもは喜んでおります。

それと、数多くの貴重な文献、仏像等があったはずですが、悲しいかな浅井長政、織田信長による焼失を受けて大半を失ってしまったということでありますが、重要な仏舎利相承図や五輪塔がどのようにしてうまく残ったのでしょうか。この点について、私どもで研究を進めたことがあったのですが、この敏満寺の中に般《はん》若院《にゃいん》というお寺があり、多賀大社の仏事の時に導師として行事をやっており、多賀大社には般若院の休憩所がありました。般若院というのは敏満寺の塔頭の中で重要な地位を占めていたようであり、敏満寺の宝物はおそらく般若院の手元にあったと思うのですが、いよいよ焼き打ちにあうというときに、宝物の一部を多賀大社の般若院の休憩所に運び出していたため、今日に残されたと考えています。

明治維新になって多賀大社から胡宮神社福寿院に返していただいたというような経過がたどれます。というのは、多賀大社の古い文献の中に、重源関係の文献が多賀大社の観音院にあって、それを日干しして並べてあるという文献があります。これは多賀大社に敏満寺の般若院の僧が逃げた時に宝物を持ってここに保管して、明治維新になって胡宮に返ってきたという、非常に不思議な運命をたどった貴重な遺産だということを私どもは思っております。

数多くの仏像が今なお残されているのではないかなと思っておりますが、一つわかるのは高宮の徳性寺に半分程焼けた仏像が残されております。また、西明寺に敏満寺と裏に書かれた仏像が廊下にあったと古老から聞いておりますので、一部分は散逸して残されているようではありますけども、今となってはたどるのは不可能です。

それと、敏満寺の周辺に町屋があったはずだというお話でございますが、敏満寺でお多賀さんの馬頭人の名簿がございまして、江戸時代の初期に原田鍛治師というところから馬頭人が出ている。北坂というところからも出ています。敏満寺の焼ける前は、自治体としての敏満寺というのはなかったようです。小字のような形で町屋を形成した集落があったことが伺えます。とにかく、敏満寺という自治体が出来たのは織田信長に焼かれてから四、五十年して、庄屋のある敏満寺ができ、それまでは敏満寺という大きな寺の支配の中にあった町屋ではなかったんだろうかと思っています。

松澤　髙梨さんにお伺いしたいのですが、さきほどご提示いただいた仏像は、みんな重源以降の作品だとお考えでしょうか。

髙梨　最初に出てきた聖観音は重源以前と思われます。

松澤　それは焼けているのでしょうか。

髙梨　焼けていると言うよりは、火にちょっとかかっていますが、主たる損傷は雨ざらしによるものじゃないかなと思います。それは、江戸時代に木屎《こくそ》といわれるのですが、いわゆる塑形材みたいなものを上に塗ったりして、修理していると いう感じだと思います。あと、僧形の神像が三体ありますが、そのうちの一番古いと思われるものは、非常に微妙ですけども重源以前になるのではと思います。地蔵とか金銅仏に関わるものは重源以降というように見た方が論理的には納得いくのかなと思います。

松澤　地蔵菩薩像の台座は当初のものですか。

高梨　これは江戸時代につくられたものです。

松澤　地蔵菩薩もやっぱり慶派の作ですか。腹帯などは様相が異なるように思うのですが、いかがでしょうか。

高梨　そうとも言えないですけども、ただ地蔵菩薩のスタイル、今おっしゃられた腹帯に、あと左胸のところで袈裟を吊るようなどっちかというと十二世紀の後半ぐらいにしか出てこないスタイルですね。

松澤　様式全体が柔らかいので慶派とは相容れないように思います。

高梨　私が以前書かせていただいたことのある論文では少し拡大して、ここに仏師がいたのではなかろうかとし、その以前から活動していた仏師の中に慶派の連中が入って一緒に造像したのではないかと想定したことがありました。

松澤　基本的な解釈としては玉眼が入っているから慶派のだというように考えているわけですか。

高梨　それとスタイルです。結局、比較するものが少ないのですが、この聖観音は地蔵菩薩像と比較して一段階前の様式をもつと思います。要するにこの時期、十二世紀の後半というのは非常に微妙な時期でありまして、滋賀県の全域で検討していきますと、なかなか慶派らしい像がみあたらない段階です。この近くでは、円常寺《えんじょうじ》（彦根市）に快慶の三尺の立像があります。ただ、彦根は近世の城下町で、像自体は周辺から持ち運ばれた可能性があります。

あとは十二世紀の後半ぐらいで確実に慶派だといえるのは、石山寺の多宝塔に大日如来が本尊とされており、これは像内にアン阿弥陀仏と銘文が記されているので、快慶のもので間違いないでしょう。建久五年（一一九四）に石山寺の多宝塔が建立されたということなので建久五年頃の作で、快慶のものとして間違いないと思います。ただこれは石山寺の事例で、敏満寺とは違うわけです。いわゆる在地系という言い方がいいのかどうかはわかりませんけども、石山寺や延暦寺とか三井寺以外で、慶派のものを探すというのは現状では非常に困難です。

そういうことからいきますと、玉眼があるということは大きな決め手かなと思います。代表的な玉眼の初見は、長岳寺（天理市）の一一五一年の像に認められます。基本的に玉眼っていうのは、明らかに慶派が主導することによって造ったもので間違いないと思います。そうなってくるとやはりこの地蔵菩薩のスタイルも非常に新しい服装もしていますので、やっぱり慶派と考えていいと思います。

土井　今みなさん方からのお話が出ましたけども、この地域の歴史を考えると、敏満寺を中心に考えるということにあたりまして、敏満寺の草創期については確認ができないですが、少なくとも十二世紀末から十三世紀の初頭、重源との関係が生まれた時期にひとつの変化があったと思われます。それから町屋を想定しないとこれだけ広大な墓地がなぜあるのか理解できないとのではないでしょうか。この二つの時期についてご説明があったと思います。

それと慶派の仏師の作についての高梨さんの発言がございましたけども、もう少し仏師の系統の話をわかりやすく説明していただいて、なぜこの地域に慶派の仏師の作例があるのか。それから、それがこの地域にどういう意味があるのかを、少し推測を交えながら説明していただければ如何かなというように思います。

高梨　確かに非常にわかりにくい部分かなと。私自身も完全に理解しているというわけではありません。少し話が長くなりますが、平安時代の後半に京都で仏所《ぶっしょ》と呼ばれるいわゆる私工房が生まれます。最初に成立させるのが定朝《じょうちょう》という平等院の阿弥陀像を造った人物です。それから仏師が大きく三つに分かれます。名前に「円」という字を使うグループを円派、「院」という字を使うグループを院派、もう一つ奈良に本拠をおくといわれ、もともとは頼助とか康助という名前をもち、最終的に運慶・快慶らが出自するグループで「慶」という字をとって「慶派」とわれわれは呼ぶのですが、その三つのグループがあらわれます。

　途中は省略して話をしますと、慶派という奈良にいたグループが、十二世紀の後半に奈良の方で活躍をしてきて、最終的に一一八〇年に平重衡による南都の焼き討ちが行われます。その復興事業をどうするかという問題になった時に、みんな鎌倉へ仕事が欲しいということで色々な人が行くのですが、最終的に慶派がだいたいこれを独占して仕事をすることになります。当然、東大寺の復興っていうのは重源が勧進《かんじん》して行うわけで、慶派と重源との結びつきが非常に強くなるということになります。

　そういうところからの推測になります。重源はこの敏満寺に有名な五輪塔を納入するということで、舎利をこの中に入れています。重源にとっての舎利というのは非常に重要な意味を持っていると現在いわれておりまして、舎利というのはご承知のようにお釈迦さんの骨で、そんなものがたくさんあるわけございませんので、後からそれらしい物を作ったりするのですが、これも寄進状の中に重源自身が「この舎利は東寺の舎利であり、この舎利を疑う人間は地獄へ堕ちてしまうぞ」みたいなことを書いてます。

　東寺の舎利というのは弘法大師空海が唐へ渡った時に恵果《けいか》という自分の先生から八十粒もらってきたというものです。その八十粒の舎利が甲の壺と乙の壺という二つの壺に入れて保管されていたようでありますが、いい時代だとその舎利が増える、悪い時代だと舎利が減るというふうな占い的な役割を果たしていたようです。基本的には平安時代の半ば以降、東寺の長者が一年に一回舎利を勘定するというようなことになって、鎌倉時代になるとだいたい一つの壺に二千粒くらい入っていたとされています。重源はこの時に東寺の舎利を五粒もらったらしいです。それを大仏の像なんかに入れたりしたということで、その一粒が、本当に東寺の舎利かどうかちょっとわかりませんけども、敏満寺に入れたとされているのです。

さっき松澤さんの、これは本当に慶派の像なのかというご質問に対して、玉眼が入っているからだとかいうような話をしたのですが、そのように慶派の指標があると考えられる以上は、やっぱり重源との結びつきで鎌倉時代の初期のこの辺の仏像を造っていく仕事を担ったのは慶派だったのではないかと考えざるを得ないと思います。滋賀県の中で慶派の像を十二世紀の後半に探すというのは非常に難しい作業です。今現在だいたいわかっているのは、さきほど申しましたように石山寺の多宝塔の本尊があります。これは源頼朝が発願したというような伝説のあるような非常に重要な建物にある像です。他に可能性としてあるのは、十三世紀に入るのかもしれませんけども、三井寺にあります黄不動の彫刻、これはおそらく慶派が造っているのではないかと思われます。あとは彦根の円常寺の快慶の像とかですが、もともとそこにあったかどうかというのは非常に難しいところです。

そういう意味でも、敏満寺の復興の仏像を担当したのが慶派の可能性があるということは、敏満寺というのは滋賀県の在地的な寺の中でも極めて特殊な立場にあるということがいえると思います。ちょっと土井先生の質問の回答として適当なのかどうかよくわかりませんけれども、一応そのような図式の中で話をさせていただいたとご理解いただければいいかと思います。

土井　どうもありがとうございます。俊乗房重源につきましてはみなさん方も十分ご承知かと思いますが、その東大寺の総勧進職に任命をされましたのが六十歳の時ということで、伝承ではありますがとりあえず東大寺の再興までは命を長らえさせて欲しいということで、多賀の大明神にお参りに来られて祈ったという重源とのつながりを伝えておるわけでございます。そこの真偽はともかくといたしまして、中世に胡宮神社の神宮寺であったと思われる敏満寺へ、重源の信仰の結晶ともいうべき五輪塔を施入していることから、敏満寺との関係が非常に大きいだろうと思うわけです。

重源さんというのは入宋三度という、宋へ渡って最新の技術を持ってきたということになっておりますが、その知識と技術を持って東大寺の再興に積極的に参加したと考えます。なおかつ自分の信仰を広めるにあたって人々に阿弥陀仏という法号を与えながら、それを盛んに組織化するオルグナイザーとして非常に優れた人だったと思います。

もう一つ、重源は七別所《しちべっしょ》といいまして、旧東大寺の復興と中世初頭の交通の要所であったところに、自分の活動の基地をつくります。敏満寺はこの七別所には入らないのですが、さきほど紹介のありましたこの五輪塔を納めます。この五輪塔を納めたところは重源の活動の最も大事なところであるわけで、七別所ではないにも関わらず、敏満寺にこの五輪塔を納めたのは何故かというところが一つ大きな疑問として残ります。

次に中井さんと松澤さんの方からお話がありましたように十五世紀にこの敏満寺の地域が中世的に変化するということでしたけども、その中で街道の開発について少しお話があったようでございますが、その街道筋の問題と、それから十六世紀になって活動を始める多賀の坊人《ぼうにん》との何かつながりみたいなものは想定できるのかどうか、中井さんあるいは、松澤さんの方からご発言いただければありがたいと思います。

中井　街道についてですが、近江の中で中世的な都市というのは守護所のある観音寺城、あるいは湖北の上平寺城なのですが、観音寺城では山麓に東山道、後の中山道をわざわざ屈曲させて城下に取り込んでいます。それから上平寺城の山麓には越前道、江戸時代には北国脇往還といわれる関ヶ原から伊吹・浅井を経由して越前に抜ける街道が位置していますので、都市を造るときに街道との位置関係はかなり大きなウエイトを占めていただろうと思います。当然この敏満寺についても、それが都市化するというのは物流として道がなければならないのは当然のことでありましょうし、瀬戸美濃焼でありますとか、あるいは常滑焼という焼物がなぜ入ってくるのか、これも当然ルートを押さえているからでしょう。さらに街道は寺社が持っている座というような組織とも関わっていたと考えられます。

松澤　もう一つ考えなくてはならないのが、俊乗房重源がここを押さえたというのに関わってくることですが、奈良時代に東大寺の荘園である水沼荘がここにあったということです。そういったことが、重源がここを重要視し、東大寺もそれを重要視するといったことを頭の中に入れておかなければならないと思います。そういう前史があって、ここが拠点的な土地になったんではないかと私は思います。ですから、そういったものをふまえてもう一度土井さんがどのようにお考えなのかお聞きしたいのですが。

土井　街道の開発及び奈良時代に東大寺の荘園があったということも非常に魅力

的ですけども、その後の四〇〇年間の水沼荘のことがまるでわからないのです。本当に細々と東大寺との関係を繋いでおって奈良時代から直接的に中世の町屋に繋がるのか、あるいは十世紀に在地主導型の寺院経営及びそれを引き継いでいく都市空間の創造というところに断絶があるのかというところは非常に意見の分かれるところかと思います。

私自身としてはどうも東大寺側にも一切その資料がございませんし、この地にもそういう資料がありませんので、今のところは「かつて東大寺の荘園が置かれた所」という以上の結論は導き出せないのかなと思います。

そして、街道筋の新たな開発という話が出ましたが、十六世紀の初頭から多賀の坊人が犬上郡域を越え、近江国をさらに越えて現在の愛知県辺りまで勢力を延ばしておりますし、十六世紀の後半ぐらいになりますと、山口県まで多賀の坊人が出向いているということです。また、信長は高野山の御師《おし》（高野聖《こうやひじり》）の活動をとどめて、多賀の坊人の活動を許すという許可証を出しております。そのあたりに近世権力のネットワークの中へこの地域が巻き込まれていくのですが、そういった街道の開発なしには、どうも多賀の坊人の活動は理解しにくいというようなことがございまして、その辺り少しお考えがありましたらご発言いただきたいと思います。

松澤　直接お答えすることが出来ないのですが、さきほど蔵骨器の中でお話ししたようにここで出土している陶器はほとんど愛知県のものだと考えています。実は十五世紀、十六世紀には信楽焼はかなり大量に焼かれています。それが彦根、多賀以北は、出土量が非常に少ない。そういったことを考えますと、北側の米原から岐阜に抜ける道については、南側とは別のルートが存在していたと、私は遺物からそんな考えを持てると思います。信長の時代になりますと、実は信楽焼は全県的に広がりをもちます。それまでは近江国の中で分割されて商業圏が形成されていたのではないかという感想を持っています。

林　そろそろ予定の時間となりました。本日のお話の中で重源関係、東大寺関係などいろいろありましたが、そういう流れの歴史を持ちながらも今日廃墟になって残っているわけでございます。幸いにもその土地が高速道路サービスエリアとして有効に活用していただきまして、サービスエリアの下り線に初代の道路公団総裁の岸道三の記念碑が残されており、日本に高速道路が出来て初めてのサービスエリアだというように自慢にしていいと思っております。そこが、いわゆる敏満寺の寺屋敷というような遺跡でありまして、一時、寺屋敷はきつねやたぬきの住まいになっているといったことが文献に書かれておりますけれども、幸いにもサービスエリアとして活用されているということで、私どもはうれしく思っております。

本日は、みなさんから貴重なお話を伺いながら、あらためて地域の歴史の重要さを再確認させていただき、誠にありがたく思います。今後とも石仏谷の顕彰などについて、ひとしおのご協力をいただきますようお願い申し上げます。

成果報告

原始信仰以来の村

郷土史家　林　清一郎

青龍山は神体山である

大門池　一二五〇年前は水沼池と呼び現に大門池という溜池である。

岸辺に立つと、鏡のような水面に、遠く鈴鹿の連山を背景に、三点の頂《いただき》を持ち、小型の富士山を思わせる青龍山が写し出されて、風景画を見るようである。

この水は、東大寺の庄園、水沼庄三拾町歩の用水で、以後今日まで早魃時に補給用水の役割を果たし、時には村の災害時に非常用水として活用されてきた。

水面に影を落とす青龍山は神体山であると、古代宗教の学者景山春樹氏は発表している。

青龍山　標高三三三メートル、左峰の頂上は巨岩に覆われて、岩の根に小祠があり、白蛇を神体とした、「龍宮」がある。

約一六〇〇年ほど前、古墳時代の初期ごろから、民俗信仰の原始的な形が整えられた。

それは、農耕に関係する儀礼や、集団の首長に対する葬祭儀礼など精神的な色彩を高め、宗教的な意識をもつ行事が生活習慣の中に現れてきた、原始信仰の始まりである。

古墳に葬られている

大門池から青龍山を望む

氏族の祖先の「魂」が秀麗な形の山に移るという観念から、山は神秘なものとして神聖視され、そこは立入り禁止の場所とされ、次第に山そのものを信仰礼拝の対象とする、自然神的な信仰形態ができていった。

祭神は、基本的に男女二柱の神で構成され、よりよく生育し、豊作を願う農耕人の自然的な姿であったと思われる。

青龍山上の磐座

山頂近くの周辺、立ち入ってはならない区域を「ヒモロギ」と呼び、その中心になる巨岩を「磐座（イワクラ）」といい、神が宿ると考え、これらを信仰する形態を「自然神道」と言われるようになった。

祭りの行事は、「イワクラ」から一定の時季に神霊を山麓の里宮に迎える。

里宮は通常、山頂を拝んだり、祭典をする場所で、地域社会が進歩するにつれて、社殿をつくり、祭りをする場所になり、山上の磐座を奥宮、里宮を本宮とするようになる。

春に神を山上から里宮に迎えてくる祭りを祈年（トシゴイ）と書き、一年間の豊作を祈り、秋に感謝の意をこめて、神霊を山上へ送り返す祭りを新嘗（ニイナメ）と古文献に記している。

さらに農耕をする田や畑、水源に神霊を移し迎える場所を「田宮」、「野宮」といい、奥宮（磐座）、里宮（本宮）、田宮（御旅所）と、三つの場所で行う祭祀が古代の祭りの標準型であった。

現に胡宮神社の祭りは、この原型を継承されていると考えられる。

青龍山を神体山として一千数百年間、崇敬され、付近の住民に精神的な安らぎを与え続けたと思うと、その神秘に頭の下がる思いがする。

湖東の平野から東方を眺めると、鈴鹿連山を背景に、青龍山が小さく浮かんで見える。

朝夕に棚引くうす霧《ぎり》が紫雲に見えて、心をなごませてくれる。

奈良東大寺の大仏開眼

天平勝宝四年（七五二）釈迦誕生の翌日にあたる四月九日、東大寺で大仏開眼の総供養が盛大に営まれた。

大仏建立を発願された第四五代聖武天皇は、三年前に阿部内親王に譲位されて、女帝孝謙天皇が即位された。

聖武天皇は聖武太上天皇に、光明皇后は光明皇太后になられていた。

開眼法要には聖武太上天皇、光明皇太后、孝謙天皇らが文武百官を従えて列席され、空前の大盛儀であった。

この一年前の天平勝宝三年（七五一）、聖武太上天皇は東大寺に料田として多くの荘園を寄進された。

近江国水沼《みぬま》村墾田図　この時期の荘園図十三点が、正倉院の中倉二階に収納されている。その中の一点が水沼村の絵図である。

麻布に画かれ、破損が甚だしい上に、文字も薄くなって判読に困難なところもある。

天平勝宝八年（七五六）五月、聖武太上天皇が没せられた時、光明皇太后は、聖武帝の遺愛品、調度品等を東大寺に寄進された。

その品々や東大寺の什器類・文献寺を収納されたのが正倉院の始まりで、東大寺が管理していた。

聖武太上天皇が東大寺へ寄進された荘園は、田地百町歩を単位とされていた。

水沼村墾田図は、水沼村参拾町、覇流《へる》村（彦根市曽根沼付近）七拾町、併せて百歩町を一枚の図にし、天平勝宝三年（七五一）と明記している。

水沼村参拾町

東　水沼池　　南百姓墾田、家畠

西　百姓口分田　北多阿山赤坂岡

と荘園の範囲を註記し、条里制の番号を付した区画の平面図になっている。

この荘園図によって、一二五〇年前、水沼村は現在の小字高畑にあって、大門池から尼子の飯盛木《いもろぎ》（北側）にわたる三拾町歩であることが確認されて、十三枚の荘園図の中で現地が確認できる唯一のものであると、名古屋大学、弥永貞三氏教授は証言されている。

現在の大字敏満寺は、約一二五〇年前、水沼村と呼び、東大寺の寺領であった。

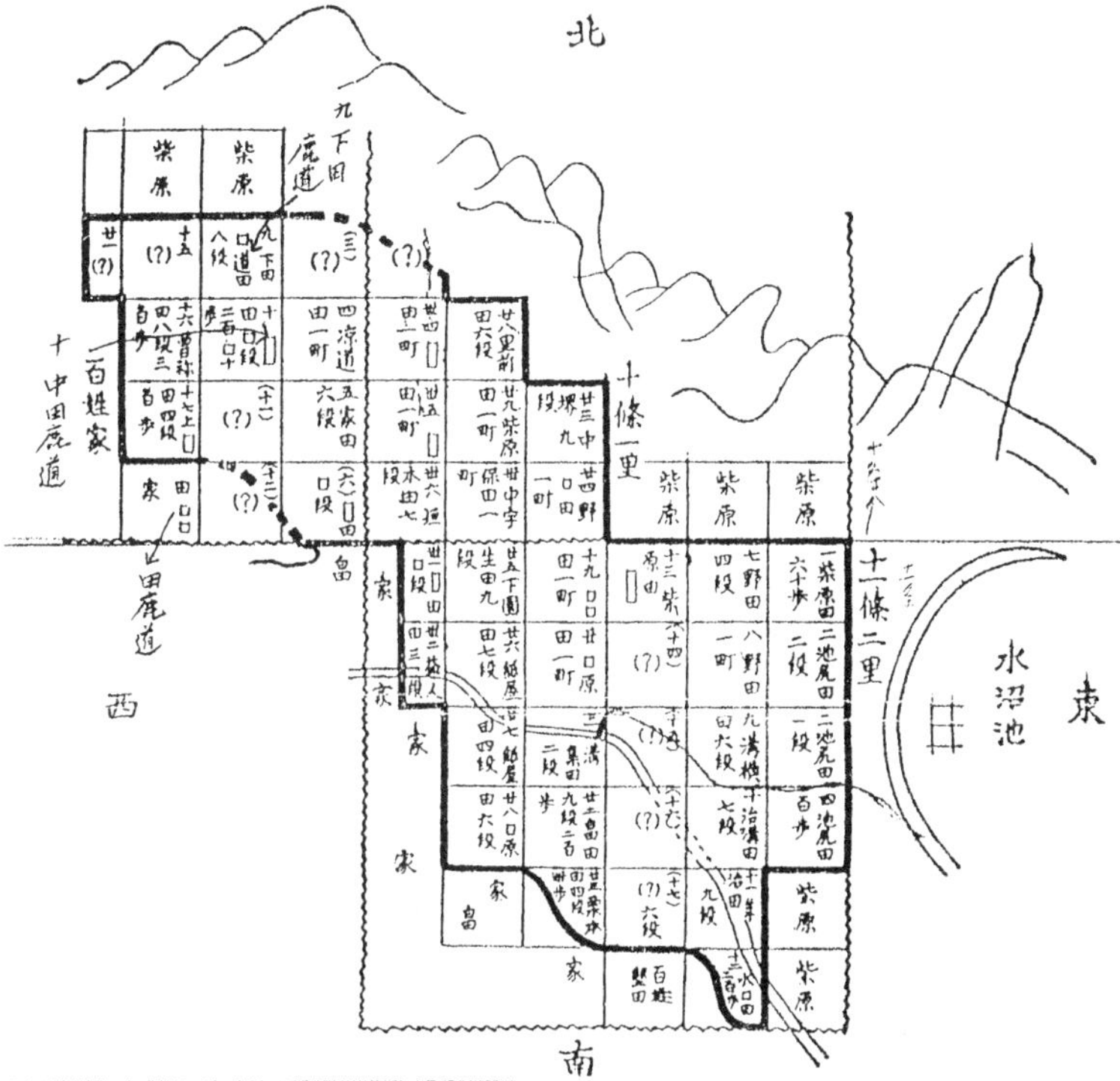

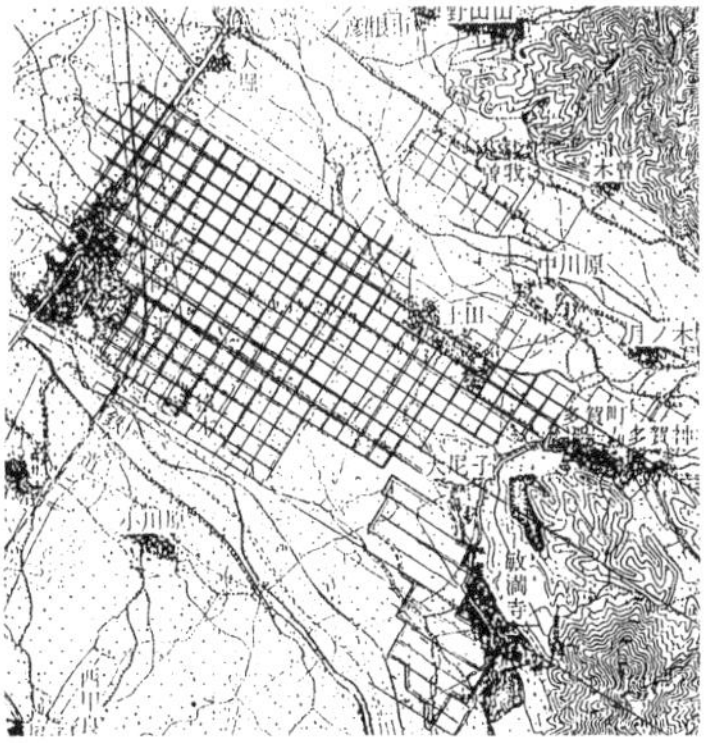

正倉院事務所の解明図

「口江国　田地図　覇流　口庄
天平勝宝三年
近江国司解　申墾開水田事
合壹伯町
水　拾町
覇流村染拾
水沼村参拾町
東水沼池山　南百姓墾田家畑
西百姓　分　北　阿山赤坂岡

水沼村墾田図の解明図

隆平永宝の出土　昭和十九年、村の共同墓地南方の畑から約八〇枚の銅銭、隆平永宝が出土した。

更に昭和三十一年、水沼庄跡、発掘調査の時、前に銅銭の出土した場所を深く掘り下げたところ、屈葬の人骨を見つけた。

隆平永宝は、水沼村ができてから四十五年後の延暦十五年（七九六）に鋳造されている。

隆平永宝を数多く副葬した墓は、有力者の墓と考えられるので、東大寺から派遣された荘園管理者の墓地であろうと推測された。

水沼村墾田絵図は村の起源を明らかにしてくれるものである。

敏満寺の創建

多賀町内で、寺歴の明らかな古寺院は次の三ヵ寺院である。

多　賀　西徳寺、天平八年（七三六）七月、行基
河　内　安養寺、神護景雲三年（七六九）、霊山寺の支院
敏満寺　敏満寺、貞観・元慶（八五九—八八四）のころ三修上人（慈證）

敏満寺は神体山の山麓台地、水沼庄を見下ろし、条里十一条にある水沼庄に隣接した十条一里の区域に建立された。

貞観・元慶（八五九—八八九）のころと推定されているので、水沼庄が設定されてから約一三〇年後の創建である。

多賀町地域は西徳寺（七三六）・水沼庄（七五一）・安養寺（七六九）・敏満寺（推定八七〇）と、相次いで開発創建されて、奈良の東大寺や興福寺と深い関係に結ばれて、神体山の原始信仰から仏教信仰の地域に変化し、高い文化を持った古代人の生活環境であった。

三修（慈證）上人

「敏満寺は、聖徳太子草創の浄場、慈證上人経行の仁祠なり」と『胡宮神社史』にあり、また、『多賀大社胡宮由緒』では、「当山は聖徳太子開基、中興には伊吹山より慈證上人とて、飛行自在の行者、無心にて眼を閉じ、空に昇り自然に落ちし所霊場なりとて、当山『一ノ小堀』

に下り、目を開き、山の形をながめ、小富士の如しと修練の跡を残し、敏満童子が相続した」と見える。

以上、聖徳太子草創は、仏教の興隆をはかられた聖徳太子を崇拝する意であり、慈證上人が霊場として修練の場所にされ、慈證の弟子、敏満（水沼）童子が寺として開基されたと伝えられている。

慈證上人は、三修（興福寺官《かん》務牒疏《むちょうそ》には三銖）で、奈良元興寺の僧である。

三修上人について『滋賀県史』（昭和二年三月刊）には次のように記している。

平安朝初期（八〇〇—八五〇）、伊吹の太平護国寺は三銖（『三代実録』に三修）上人これを開く。

三修の申牒によると、年少の時僧となり、各地の名山を渉り歩き、文徳天皇（八五〇—八五八）の仁寿年中（八五一—八五三）、伊吹に登り、勅によって一精舎を建て、その後堂舎が増加したので伊吹山護国寺として定額（一定数に限り国が保護）に列した。

犬上郡の西明寺、敏満寺は三修の系統によって再興、坂田郡大原の観音寺、醒井丹生の松尾寺、長浜市名越《なごし》の名超寺《みょうちょうじ》も同じ系統によって開基された。

三修上人は昌泰二年（八九九）五月十二日没している。

敏満寺は、三修上人が開山し、その後、弟子敏満童子が開基し、創立年は不詳であるが、前記の通り貞観・元慶の間である。

敏満寺の繁栄

神仏習合　敏満寺は創建と同時に、四ツ谷にあった「桜宮」を移して守護神とし、神体山の里宮とする胡宮の社殿を建てて、神仏習合の聖地とした。

領域　敏満寺の領域は、天治二年（一一二五）『平等院文書』によると、東は青龍山全域、西は大門池前、北は四ツ谷登り坂の区域で、現大字敏満寺の中、水沼庄の庄域を除いた一帯である。

堂塔　『福寿院由来記』には、敏満童子堂寺、四十八ヵ所、『東大寺三綱』には僧房八十八宇、衆徒二十宇と記され、胡宮本殿下敏満寺本堂跡を中心に、南谷・北谷・西谷・寺屋敷・薬師谷・西福寺の谷々にわたり、青龍山麓の一帯は、俗に八百八坊と表現された堂塔坊舎が建ちならぶ、きらびやかな仏都の姿を呈していた。

門前町　一山の繁栄につれて、門前町もできてきた。原田鍛冶師・北坂・新開の三地区ができ、後に門前三ヵ村と呼び、寺の維持管理にあたる人々の集落が栄えてきた。

創建後、織田の兵火で焼失するまでの約七〇〇年、湖東の名山として、喚鐘の音は一山に響き、法灯ゆらぐ天台の霊域であった。

寺領二万三千石　北朝第四代後光厳天皇（一三五二～一三七一）は、京の都の乱に遇い、文和二年（一三五三）、岐阜の小島に逃れられた。

乱の治まりを待ち、鎌倉より上京する足利尊氏の軍に護られて同年九月、都に還幸された。

その途次九月二十日、後光厳天皇の御一行は敏満寺で一泊された。一山あげて、御一行を供応し、安全を期したので、尊氏は犬上郡、愛知郡の中から二万三〇〇〇石を敏満寺へ寄進した。

この石高は、元亀三年（一五七二）、織田信長に取り上げられるまで約一二〇年間、一山運営の糧として大きく役立った。

皇室の崇敬　第六十二代村上天皇（九四六～九六七）、御病気の時、敏満寺衆徒が丹誠こめて祈願したので全快され、天皇の指示によって大尼子庄を賜わった。

都ではこの事例が伝えられて、敏満寺を延命長寿の寺であると崇敬するようになり、東大寺再建の時、俊乗坊重源が延命祈願をするほど、有名になっていた。

第八十二代後堀河天皇（一二一二―一二三二）の中宮藻壁門院は、南谷の西福院と西谷の西迎院を祈願所にされた。

第九十代亀山天皇（一二五九―一二七四）は、文永十一年（一二七四）上皇となり院政を開いた。

弘安七年（一二八四）、敏満寺の法行寺を法行院と改めて、亀山上皇の祈願所にすると、太政官符が出された。

また元寇の役（文永十一年、弘安四年、二度にわたる元の襲来）にあたり、異国降伏を祈願する指示を、建治元年（一二七五）九月に出された。

第九十五代花園天皇（一三〇八―一三一八）は、延慶二年（一三〇五）二月、太政官牒を宣下されて、祈願所とされた。

以上のように平安中期、鎌倉時代の歴代皇室は、敏満寺を崇敬、御帰依された。

東大寺との関係

正倉院　東大寺大仏殿を創建された聖武天皇は、在位三十年間、天平感宝元年（七四九）七月、阿部内親王（孝謙天皇女帝）に譲位し、太上天皇になられ、天平勝宝八年（七五六）五月二日に没せられた。御歳五十六歳であった。

四十九日の忌日にあたる六月二十一日、天皇遺愛の品、書跡・服飾・楽器・刀剣など六百数十点を東大寺に光明皇太后が献納され、東大寺は完成した正倉院に収納した。

正倉院は、校倉《あぜくら》一棟三倉づくりで、北倉、中倉、南倉に分かれている。聖武天皇の御物は北倉に納められた。

東大寺は別に、羂索院という双倉《ならびくら》に納めていた東大寺の重宝類を、双倉が破損したので、天暦四年（九五〇）に、正倉院南倉に移納した。

シルクロードを経て中国に入った貴重な法会の用具、国内で製作された奈良時代、平安初期を代表する文房具、調度品などで、東洋文化の遺産とされる珍重な品々である。

東大寺開田図　天暦四年移納された中に東大寺荘園の絵図十三点があった。

その中の一点が覇流・水沼村絵図である、十三点の中、現在その荘園の位置が確認できるのは、覇流・水沼村の一ヶ所だけとされ、学術研究の重要な資料になっている。殊に絵図の中に記してある「十条一里」、「十一条二里」の文字は、条里制で現地を表現する確実なものとされている。

天平七年（七三五）、興福寺領讃岐国山田郡の絵図についで、天平勝宝三年（七五一）東大寺領近江国水沼村・覇流村絵図が全国で二番目に古く条里制を示す文献であると高く評価されている。

（註）水沼村絵図　十条一里、十一条二里
　覇流村絵図　十三条十七里、一条六里（愛知郡領）

この荘園図は、天暦四年、東大寺の重宝として唐櫃に入れて南倉に収蔵されていたが、江戸時代に入り、天保四年から同七年（一八三三―一八三六）にかけて、正倉院の大修理が行われた時、再調査され、唐櫃の古絵図十三点が確認された。

甚だしく破損していたので、「寺門肝要の霊宝」であるとされて修理を加え、天保八年（一八三七）五月末日に修理が終り、古木の木箱に入れて、八幡宮南の宝蔵に納められた。明治八年（一八七五）ごろ、東大寺東南院文書が正倉院に献上された時、この絵図も含まれていて、現在、中倉の二階に納められている（『奈良時代の貴族と農民』弥永貞三著）。

東大寺の炎上

治承四年（一一八〇）十二月二十八日、源平合戦の余波を受け、東大寺は炎上した。『平家物語』の「奈良炎上」には、次のように書かれている。

東大寺は僅かに法華堂・二月堂を残して全山焼失した。

大仏も「御頭は焼落ちて大地にころび、御身は鎔合《わきあい》て山の如し」。

炎は大空に燃えさかり「比類のない仏身もいま毒炎の塵《ちり》にまじり」。春日野の露も色が変わり「三笠の山の嵐の音も恨むように聞こえた」。

と詳述している悲惨な状態であった。

高野聖、重源

明けて治承五年（一一八一）正月三日、高野山にいた重源は東大寺の炎上を知ると直ちに奈良に向かい、燃え続ける火の山を見て、高野聖の力で再建を誓ったという。東大寺の管長を経た平岡定海氏は、著書『東大寺』に、次のように記している。

俊乗房重源は、十二歳の時醍醐寺に入り僧になった。のちに四国を巡歴したり、大峯山や遠く白山、立山などで修行し、仁安二年（一一六七）宋の国に渡った。

入宋前には、法然上人に師事して念仏行者の修行をつみ、阿弥陀仏にあつい信仰をつちかった。

宋に渡ってからは、中国の天台山、阿育王山《あそかおうざん》などに登り、臨済学を学んで榮西にあったりして僧の修行にいそしんだ。

東大寺が焼けた時は、高野山に籠っていたが、炎上を知ると翌年、東大寺にやってきて大仏殿の焼け跡を見て、涙にむせび、再建に努力することを誓ったのである。

重源はその頃、高野山に別所を建て、生活を共にし、勧進《かんじん》修行に励む「同行」又は「同朋《どうぼう》」という名の組織化された聖《ひじり》群、（高野聖とも言う）の先達になり、造寺、造仏、鋳鐘、架橋などの勧進活動を行っていた。

その輩下約六〇人。その中に宋の国から連れ帰った各種の技術を持つ僧一〇人も含まれていたといわれている。

敏満寺へ延命祈願

治承五年正月三日、焼け跡で再建を誓った重源は、その足で、齢すでに六十一歳、老骨の重源に長命を与えよ、と祈願のために敏満寺へ向かった。

敏満寺は、約二〇〇〇年前、第六十二代村上天皇（九四六―九六七）が病気の時祈願されて平癒されたという故事で、都の周辺では長命祈願の寺として広く知られていた。

養和元年（一一八一）六月二十六日、東大寺再建の「造東大寺長官」に藤原行隆が任命され、国費ではなく「東大寺の支配する諸国の封戸と荘園で大仏殿以下を造営せよ」と院宣が付せられていた。

藤原行隆は、再建の実勢を担当する「造東大寺大勧進」に法然上人を推薦したが、造寺、造仏を宗派の理念としない法然は、造寺造仏を主とする高野聖の重源を推挙した。

同年八月重源は後白河法皇の宣旨を受けて、「造東大寺大勧進」に任ぜられて、再建の大事業にとりかかることになった。

勧進上人になった重源は、約六〇人の同行をつれて、奈良に別所をつくり、残りの多くの同行は、高野山にいて、造営を支援する重要拠点とした。

勧進始め

同十月九日、重源と同行たちは、中国式の一輪車に、造営の「勅諚」を写した旗と、大仏盧遮那仏を画いた幟を立て、重源は念仏を称え、同行は鉦鼓を叩き、柄杓《ひしゃく》をさし出して、財物の奉加を求め、勧進の第一歩を京の街で始めた。

治承五年は、後白河法皇の院政下、高倉・安徳二帝の併立、前年に源平富士川の戦いに平氏の混乱、二月に平清盛の死など、京の都は人心の不安で満ち、加えて天下大飢饉で、餓死者が街にあふれていた。

その中にもかかわらず重源の勧進は多くの財物を集めることが出来たといわれている。

安宅の関の勧進帳

重源の勧進は、同行によって北陸・中国・九州地方にまで足跡を残し、再建の事業は進められていった。

文治三年（一一八七）春、都を追われて奥州に向う義経・弁慶の一行十六名が、義経・弁慶の一行が安宅の関を通行する時東大寺勧進帳の文面が、関跡とされる「安宅住吉神社」の社殿に揚げてある。

勧進帳

それつらつら惟《おも》んみれば、大恩救主《だいおんきゅうしゅ》の秋の月は、涅《ね》槃《はん》の雲に隠れ、生死長夜《しょうじちょうや》の長き夢驚かすべき人もなし。

ここに中頃帝おはします

おん名をばを聖武皇帝と名付け奉り、最愛の夫人に別れ、恋慕止み難く、涕泣眼《ていきゅうまなこ》にあらく涙玉を貫く。恩を善途に翻してる盧遮那仏を建立す。

かほどの霊場の絶えなんことを悲しみて俊乗房重源、諸国を勧進す。

一紙半銭の奉財の輩《ともがら》は、この世にては、無比の楽に誇り、当来にては数千の蓮華の上に座せん。

帰命稽首《きみょうけいしゅ》、敬って申す。

東大寺沙門

文治五年（一一八九）の吉日、古書によって写す

全国的に広められた、重源の大勧進の一端を伺うことができる。

東大寺再建成る

再建の大事業は、重源や高野聖の努力と、天下を平定した源頼朝の大寄進によって、

建久六年（一一九五）三月十二日、大仏殿落慶

建仁三年（一二〇三）十一月三十日、再建総供養をもって完成し、焼失以来二十三年間を要した。

三年後の、建永元年（一二〇六）六月五日、重源は東大寺の刻家で永眠した。

八十六歳、敏満寺へ延命祈願をしてから二十五年目であった。

『南無阿彌陀仏作善集』

建久三年ごろに重源が書いたもので、名前を自ら「南無阿彌陀仏」と名乗り、生涯を通じて行った作善、造寺造仏の記録である。

その中に敏満寺についての記載がある。

近江国彌満寺（敏満寺）

奉施入　銅五輪塔一基、奉納仏舎利一粒、額一面

額一面は、寿永二年（一一八三）三月、平家の兵火によって敏満寺が焼失した時、共に焼けてしまった。

文治二年（一一八六）四月、重源は伊勢神宮に参詣し、帰途敏満寺に立ち寄り、再建中であった本殿の額を寄進しようと考え、有名な書家藤原伊経《これつね》に依頼した。

翌三年十一月三日、再建した本堂に揚げられた。額はその後焼失して無いが、依頼を受けた伊経が重源に届けた便りの文が残っているという。（『書道辞典』飯島春敬編一九七五年東京堂出版）

銅五輪塔一基は、建久九年（一一九八）十二月十九日、敏満寺へ寄進した重宝で大正十一年十二月十九日、国の重要文化財に指定された。

長命の願が達し、殊に敏満寺衆徒が再建に協力した謝礼の意が込められたものである。

重源の没後も、約二二〇年間続いた東大寺との関係については、『新谷家系図』に、数代にわたる交流の記録と、応永三十三年（一四二六）、網久の時、東大寺本寺の厳命を受けて、佐々木高秀が、敏満寺大師堂の修理に携わったことが記されている。

敏満寺の滅亡

創建後約七七〇年、湖東の名山として法灯ゆらめき、栄光の歴史を綴った敏満寺は、永禄五年（一五六二）浅井長政に、復興の途上、元亀三年（一五七二）三月、織田の兵火にかかり焼滅した。

その内般若院と成就院は、幸いにも重要宝物を持って多賀大社へ移り、多賀社不動院の輩下に入り、明治維新まで活躍していた。

明治初年、神仏分離によって廃寺となり、管理していた旧敏満寺の宝物は、胡宮福寿院へ返した（『多賀観音院古事録巻三』）。

現在重要視されている五輪塔のほか、文献絵画図などはその時のものであり、般若院のはたらきに謝意を表したい。

敏満寺の遺跡

織田信長は、敏満寺の寺領二万三千石を取り上げ、翌、

天正元年（一五七三）九月四日、胡宮神社を承認し、敏満寺の門前三ヵ村・萱原・藤瀬村を胡宮の社領に寄進した。

焼失した多くの堂塔の礎石は、慶長八年（一六〇三）から元和八年（一六二二）にかけて築城された彦根城に運ばれて、ただ総大門の礎石と、灯ろうの台座石一基が残されるものとなった。

多賀サービスエリア

胡宮神社の境内を除いて、広大な寺屋敷跡は、昭和四十年（一九六五）六月三十日に開通した名神高速道路の中間位置に、憩いの施設として開設されたサービスエリアに変わり、歴史と風景に恵まれた環境は、利用者に喜ばれ、日本の高速道路史上にその名をあげられている。

横断橋の上に立つと、神体山を見上げ、山麓にみえかくれする胡宮神社の社殿、北方に目を転じると、道路公園の初代総裁岸道三氏の功績をたたえる巨石の碑が見え、更に目を西方に転じると、敏満寺一二〇〇年の歴史を語る清涼山敏満寺跡碑が塚の上に重々しく建っているのを見下ろして、幾万の善男善女が、心休めた霊場であったことを実感する。

近代化をいち早く取り入れた住民は、水沼庄域を含む昭和の条里、区画された耕地をつくり、誘致した大企業は、豊かな生活を与えてくれる。

神仏信仰の霊場であった由縁によるのであろうか。

敏満寺の仏像
―仏像からみた敏満寺の創建と再興―

滋賀県立近代美術館　髙梨　純次

はじめに

今は地名としてのみ、滋賀県犬上郡多賀町「敏満寺」と残るこの寺院は、まことに謎に満ちた存在であると機会があるごとに再認識する。というよりも、考えれば考えるほど深い謎の奈落に落ち込んでゆくような気がしてくる。個人的な感懐で恐縮だが、敏満寺との出会いは筆者がアルバイトとして県立琵琶湖文化館に職を得た昭和五十三年に、そこで開催されていた「鎌倉時代の文化」展に銅造大日如来坐像が出品されていたことにはじまる。ここでの拙稿の中心をなすであろう、この鎌倉時代の小金銅仏の類い稀な完成度の高さは、大学で彫刻史を志ながら右も左も分らずにいた新米の学芸員にも、理解できる種類のものであった。しかし、大学の芸能史の講義で聴いた、世阿弥《ぜあみ》の『申楽談儀《さるがく》』にある「みまじ〈近江は、敏満寺の座、久座也〉」なる場所に関わる金銅仏であると認識できるようになるには、恥ずかしいことながらそれなりの時間を要することになる。

この世阿弥との関連が理解できる以前に、鎌倉時代の初頭に東大寺再興に東奔西走した南無阿弥陀仏重源《ちょうげん》が寄進した胡宮神社の五輪塔がこの金銅仏と同じ地域に伝えられているということが理解でき、そこではじめてこの金銅仏が「敏満寺」に関わる像であることが分り、厳密な意味からすれば、はじめて「敏満寺」を認識するに至ったのである。さらにこの敏満寺が建っていた場所は、正倉院に伝えられる東大寺の庄園絵図に描かれている水《み》沼《ぬま》庄の地と関わることも知ることが出来た。この金銅仏は、若輩の筆者に調べることの面白さを教えてくれ、研究者としての初歩へと導いていただいた尊像のひとつである。

　ではなぜに当時の、そして今もなお筆者を魅了しているのか。それはとりもなおさず、この像が高い完成度を誇る優作であるからに他ならないが、端的な印象として有名な仏師の快慶《かいけい》に近い作風を思い起こさせるからでもあった。近年は、文化財調査の進展によって、滋賀県内にも快慶や行快《ぎょうかい》、また仏師名は不明ながら明らかに慶派の作と判明する像の現存がそれなりに確認されているし、奈良で活躍した仏師ということでは善派の作風をみせる稀な事例すら報告されている。しかし、筆者が滋賀県に奉職した頃の近江彫刻史の図式では、県内に伝えられる慶派の作例は極めて稀であると理解されていた。尤も、極めて多くの平安・鎌倉彫刻が伝えられている滋賀県内における尊像の伝存状況からすれば、やはり慶派の像の占める数値は圧倒的少数であるかもしれないが。

　やがて、世阿弥の『申楽談儀』の「みまじ」との関連が理解できるようになった頃、この優れた金銅仏を考えることを忘れてしまった。それは筆者の怠惰の故ではあるのだが、同時にこの像が厳重な秘仏として祀られていたからでもあった。職場が近代美術館に移って新しい環境にも完全に慣れ親しんでしまった平成三年頃になって、この敏満寺の文化財調査の手伝いをしろということを琵琶湖文化館時代の同僚であった土井通弘氏より伝えられた。多賀町教育委員会が主催するこの調査の一員として敏満寺に向い、胡宮神社の境内の一画に建つ大日堂を拝したとき、まことに恥ずかしいことながら、この堂の厨子《ずし》内に安置される本尊の木造大日如来坐像の像内に懐かしい金銅仏が安置されていることを、初めて知ったのである。

大日堂の仏像群—敏満寺の名残—

　この大日堂が、敏満寺に安置されていた尊像の姿を今に伝える唯一のものとするならば、あまりにも淋しい。しかし、この立派とはいえないお堂の須弥壇《しゅみだん》に、多くの仏像が所狭しと安置されていた。五日間ほどの日程の中で、四一件にのぼる尊像の調査を行ったが、集中して調査したのは平安時代から鎌倉時代の作とみられる八体ほどの尊像である。

一　銅造大日如来坐像――小さな御本尊――

須弥壇中央の厨子内に、宝永七年（一七一〇）に造立された木造大日如来坐像（木造、古色、像高七六・二センチ）が安置されている。この木造は、頭部と体の中心部をそれぞれ前後に各一材を寄せ、体部の左右にはさらに各一材を寄せる寄木造《よせぎづくり》によって構成されており、定石どおりに像内は内刳《うちぐ》りされて空洞となっている。その空洞となった像内に棚が設えてあり、そこに銅造大日如来坐像が収納されていた。

ところで木造の大きな大日如来像には、像内や像の底に打付けられた板に墨書がある。それによると宝永三年（一七〇六）三月に銅造大日如来像が盗難に遭ったのだが、村人の捜索のかいもあり幸いにして船塚の杉のかたより発見された。そして、御霊《ごりょう》のお告げもあって、像の安全を考慮して宝永七年にこの木造をいわば「鞘仏《さや》」として造像し、その像内に銅造を安置したとしている。とすれば、この銅造は小像ながらこの大日堂の本尊として祀られていたということになり、当初よりしかるべき立場にある尊像であったと推測されるのである。

この銅造大日如来坐像は、像高一三・七センチと小さな像で、智拳印《ちけん》を結び、足をきっちりと組んで結跏趺坐《けっかふざ》し、高さ二〇センチほどの蓮華座の上に座っている。鞘仏の木造も同じだが、両手を胸の前に挙げて左手の指一本を右手で握って重ねる印相を智拳印と呼び、金剛頂経《こんごうちょうきょう》に説かれる金剛界の大日如来のものである。大日如来は大日経に基づく胎蔵《たいぞう》部の像――この像の印は腹の前で掌を上にして両手を重ね、両親指の先端を接する法界定《ほっかいじょう》印《いん》を結ぶ――もよく信仰されるが、ともに密教の最高の尊格として、通例の如来像とは異なって装飾品で身を荘厳する菩薩形の姿に表される。

像の表現については、最初に触れたように極めて完成度の高いものとなっている。頭部の毛筋は細かく表され、丸い顔の肉付きも中庸を心得ており、目鼻はもとより側面の両耳の表現も明快でバランスがとれている。両肩から斜めに下り、肘を曲げて胸前に向って登る腕の姿も自然で、それにマッチするような胸から腹部にかけての分節的な立体表現、特に側面に現れる筋肉の括れなどは、細部の表現も疎かにしない作者の技量が読み取れる。また胸から腹そして背中に纏う条帛《じょうはく》や、下半身を覆う裳《も》の衣文表現も、変化をつけながら大きなカーブで安定している。像が趺坐する台座も、蓮華から二段の框《かまち》までを具備した本格的なもので、その丁寧な造りには目を見張るものがある。これら優れた造型の技量とともに、時代の流行にも敏感である。頭上に高く結い上げられる髻《きつ》の形式は、あるいは宋の仏画などをモデルとした姿とも考えられ、十二世紀の後半から十三世紀にかけて流行する。そして丸々とした面相や、胸から腹にかけての分節的な表現、特に側面観の分厚い前後のボリュームこそが、平安時代後期の穏やかで立体感に乏しい影像の形に対する叛旗であった。このような新しい影像を積極的に制作するのが、奈良に拠点を置き、運慶《うんけい》や快慶、湛慶《たんけい》などの優れた仏師を輩出する奈良仏師の慶派と呼ばれるグループである。そして、この像に最も近い表現になるのが、十二世紀末から十三世紀初頭の快慶の仏像であり、より限定してしまえば、建仁元年（一二〇一）に造像された広島県・耕三寺の木造宝冠阿弥陀《あみだ》如来像で、快慶の代表作のひとつである。この銅造大日如来坐像は、このような検討結果からして、建仁元年に近い頃、十二世紀の再末期から十三世紀の極初期に造られたとみられる。

ところでこの像が銅造になり、鍍金《ときん》—表面に金を焼付けるような金メッキ—して仕上げられる金銅仏である点にも注意を向けておきたい。というのも、平安時代以降の日本の影像は、圧倒的に木彫が中心となる。時として、銅像やまた銀仏・金仏などが確認され、記録されていたとしても、それは極めて珍しい事例といえるのである。木彫がこれほどに一地域の立体造型の圧倒的多数を占める例は珍しい。そのためもあって十一世紀には定朝らによって、頭体の中心部を規則的な複数の材を用いて構成する寄木造が考案されるが、規則的な複数材による立体造型の方法が主流を占めることは世界的にも確認されていない。要するに、ある程度の巨像の大量造像に応えるためもあって寄木造が考案され、活用されたと考えられるが、仏像制作における木彫技法の合理性の追及による技術革新の結果であったのだろう。それに対して、この寄木造が成立した時期にはほとんど金銅仏が制作されていない。というよりも梵鐘《ぼんしょう》などの大型の鋳銅《ちょうどう》製品も確認できない、いわば鋳銅にとっての「空白の時代」といわれているのである。

しかし、十二世紀の半ば近くになって、再び鋳銅製品が復活してくる。大型の梵鐘は十二世紀後半頃から再び鋳造され、県内でも大津市・坂本八条遺跡の梵鐘鋳造遺構は平安後期とされているが、年代的にはこの頃に当てるのが妥当なのであろう。金銅仏については、全国的に営まれる経塚《きょうづか》の土中に埋納される彫像に用いられ、また山岳信仰に関わる尊格としての蔵王権現《ざおうごんげん》像や立山神像などにみられる。また小像ながら本格的な形式をとる像が、醍醐寺や園城寺に伝えられているが、あるいは両寺ともに吉野や大峰などの山林修業や修験《しゅげん》に縁の深い寺院でもあり、あるいは山岳信仰に関わっての造像かもしれない。想像するに、金属の堅牢な属性に注目しての、土中への埋納は当然のこととして、過酷な自然環境での安置や移動性を考慮していたのであろうか。だがこの時期の金銅仏の表現は、当時の木彫と基本的には同じであり、その意味からすれば、金属像としてのアイデンティティを喪失している。この大日如来像にしても、頭体幹部は一鋳するとしても、両肩から先などは別鋳《べっちゅう》して組込み、台座に至っては蓮肉を木製の上に銅板を被せて造り、返花《かえりばな》・束・框などはそれぞれに別鋳し、鉄心を下から通して連結している。細かいパーツの組み上げによる構成は、どちらかというと一鋳を原則として単純に構成する鋳銅の方法論とは異なるものに見受けられ、木寄せによる繊細で精密な当時の木彫の方法論に近いものがある。像内を大きく空洞化する手法も、像底よりの観察によれば、木彫のそれと見紛うばかりである。その胎を薄くする優れた鋳造技術は、表現の完成度とともに刮目すべきであろう。

では、この金銅仏以前のこの地域の尊像はどのようであるのか。次に、これ以前の作例を一瞥しておきたい。

二　平安後期の尊像

大日堂に伝えられる多くの尊像の中で最も古作と目されるのは、須弥壇左方の厨子内に安置される木造聖《しょう》観音立像（木造、古色、像高九七・七センチ）であろうか。また、木造僧形《そぎょう》神像が三躯ほど伝えられているが、そのうちの左胸で袈裟《けさ》を釣上げて胸前で袖に手を入れて捧げ結跏趺坐する本格的な像（木造、古色、像高二九・三センチ）が、やや微妙なところながら、金銅仏より古様な性格が顕著であり、これに先行するかとみられる――他の二像も堅実な作風になるが時代は鎌倉時代以降に下ろう――。また簡略な彫りになる木造阿弥陀如来立像（木造・

古色、像高三二・四センチ）も、平安後期も末期頃の様相を表すが、実際の制作時期については一層の検討を要しよう。

　これらの尊像を詳細に触れることは出来ないが、いずれも基本的に一木造《いちもくづくり》で内刳りしない丸彫像ということになる。聖観音立像は三尺の大きさになる本格的な彫像ながら、簡略な表現になる十一世紀後半あたりの作かとみられるが、本格的な洗練された作風を示すとは言い難い。全体に、火に罹っている可能性があり、また雨などに打たれたのであろうか表面は朽損が進み、木屎漆《こくそうるし》などによる粗悪な修理が目立ち、また膝より下は後世に根継ぎがされており、厳しい環境で伝来したことがうかがえる。対して僧形神像は、特に正面観において手慣れた技量を表しており、堅実な佳作と評価できるが、三〇センチほどの小像であり本格的な彫像とは言い難い。その繊細な趣は平安後期もかなり下った十二世紀中頃から後半あたりの作とされよう。

　このように、大日堂に安置される尊像について平安後期の像を求めるならば、この二・三例が挙げられるのであるが、いずれにしても本格的な造像が行われる環境にあったとはいえない。ただし、この周辺地域にまで範囲を広げると、多賀の真如寺に安置される多賀大社本地堂本尊と伝える木造阿弥陀如来坐像（木造・漆箔《しっぱく》、像高一四〇・九センチ、重要文化財）が注目されよう。半丈六の大きさをもつ定印を結んだ堂々たる尊像で、十二世紀前半あたりの作としてよかろう。しかし、この像はいずれにしても『古事記』にも記載されるこの地域でも屈指の由緒ある古社の多賀大社に関わっての尊像であろうから、地域的な観点よりの造像環境を計る一例とはなりえても、敏満寺についての視点からすれば、これを同じ環境での造像とすることは出来ない。この乏しい事例から敏満寺の造像についての結論を導き出すのは強引であるが、基本的には本格的な造像を展開しうる環境にあったとはいえないのではなかろうか。

三　銅造大日如来坐像の時代

　銅造大日如来坐像の前段階がこのような状況であったとしたとき、銅造大日如来坐像は全く孤立した造像であったのだろうか。ここで注目されるのは、大日堂の須弥壇隅に安置される木造地蔵菩薩半跏像《はんか》（木造・古色・玉眼、像高五〇・八センチ）であろう。右手に錫杖《しゃくじょう》、左手に宝珠《ほうじゅ》を執り、左胸の前で袈裟を釣上げ、右足を踏み下げて蓮華座上に半跏座している。片足を踏み下げて半跏座する地蔵菩薩像が、この地域に限っていえばこの地の正覚寺と栖崎・高源寺に伝えられている。

正覚寺像（木造・彩色《さいしき》、像高五二・五センチ）は平安末期の繊細な表現になり、高源寺像（木造・古色、像高五一・七センチ）も平安末期の作とみられるが正覚寺より簡略な彫法が認められる。踏み下げる足は違っているなどするが、このような半跏座の地蔵菩薩像が集中する点は注意する必要があり、今後の課題として残されよう。と同時に、大日堂像にのみみられる袈裟が左胸で釣上げられている服制の特色にも、大いに注意を払いたい。このような服制は、奈良時代の事例を除くと再び十二世紀後半になって流行するとみられ、運慶の師父であった康《こう》慶《けい》が治承元年（一一七七）に制作した静岡県・瑞林寺地蔵菩薩坐像などを早い例として復活するものである。この地域では、ひとり敏満寺の堂舎を継承する大日堂に伝えられる地蔵菩薩半跏像のみに、この新しい流行が取り入れられているのである。

さらにこの像で注目しなければならないのが、玉眼《ぎょくがん》の使用であろう。玉眼とは、眼の部位を刳りぬいて内刳りに貫通させ、像内より目などを描いた紙の表面に薄い水晶を当てて押え木や釘で固定するもので、眼の輝きなどをリアルに表すことを意図したものとみられる。玉眼の使用を現存例からみると、奈良県天理市・長岳寺の本尊で仁平元年（一一五一）に造像された阿弥陀三尊像が初見となる。その後も、南都の中川成身院伝来の毘沙門《びしゃもん》天《てん》像（応保二年・一一六二）や、有名な仏師運慶の青年期の作である奈良市・円成寺大日如来坐像（安元二年・一一七六）など、玉眼は南都関連の造像に用いられる例が多い。滋賀県内の現存例からしても、建久五年（一一九四）頃の石山寺多宝塔《たほうとう》本尊の快慶の手になる大日如来坐像あたりを初見として、建久八年の快慶作と銘文にある大津市・円福院釈迦如来像や、善通寺阿弥陀三尊像など慶派系統の尊像が中心となる。敏満寺の近在の有力寺院のなかで、特に一二一〇から二〇年代の造像が集中するのが秦荘町の金剛輪寺とその周辺である。この造像に携わった仏師として近江講師の経円が有名であるが、この一連の造像には玉眼が使用されていない。玉眼は、奈良仏師の慶派によって考案され、使用され、やがて広まっていったとみられるが、近江においても、十二世紀末から十三世紀の第1四半期あたりまでは慶派やその系統によって採用される事例が圧倒的に多かったと理解されよう。

左胸で袈裟を釣上げるという流行の最先端をゆく服制と、極めて斬新な玉眼の採用からいえることはただひとつであろう。大日堂地蔵菩薩半跏像の制作には、明らかに慶派の介在が認められるのである。しかし積極的に慶派の仏師が制作したと言い難いのは、ひとえにこの像のもつ古様さ、平安時代末期の穏やかな表情やなで肩、浅い衣文の彫出、そしてなによりも前後の奥行きがない平面的な立体感である。このような一種の保守性は、前記した銅造大日如来坐像にも見て取れる。あるいは、敏満寺のより重要な尊像、例えば本尊やそれに準ずる尊格については慶派の大仏師クラスの仏師が制作し、これらの像については慶派のやや格落ちする仏師、あるいは在地で活動していた仏師が慶派の構想・指導の下に制作したということであろうか。在地で活動していた仏師の作としては、前記した正覚院や高源寺の地蔵菩薩半跏像に携わった仏師、あるいは大日堂の僧形神像を造った仏師などが想定される。彼らも、かなりの技量を身に付けていたといえようから、慶派の流行に敏感な構想や指導を受けて、この種の尊像を制作することは出来よう。ただし、金銅仏については、果たしてどのような鋳物師《いもじ》を想定すべきか、課題として残されよう。小像ながら銅造毘沙門天像（銅造・鍍金、像高一〇・八センチ）も、本体と邪鬼《じゃき》を別鋳とする繊細な作で、その堂々とした体の構えや上半身が締まりつつも細長く表される点など、運慶の次世代の湛慶あたりの世代の特徴に近く、これも慶派と関わる像としておきたい。

ここで再び多賀大社の造像まで視野に入れるとすれば、かつて多賀観音院に伝来したとみられる八重練・高松寺の木造大日如来坐像（木造・漆箔、像高九三・八センチ）の存在も注意する必要がある。この像は、まことに洗練された表現になり、また技法も細かい寄木造となる点からして、十二世紀の最末期あたりの京の本格的な仏師の手になるものと想定される。別に多賀大社系統を京都仏師、敏満寺を奈良仏師と短絡的に色分けするつもりはないが、この時期には様々なルートの中で中央の仏師が介在する造像環境へと大きく変化してきたということはいえよう。敏満寺については以前の造像環境とは著しく異なる、中央の造像界とほぼ直結するような環境に、この十二世紀の最末期に到達してしまうのであり、それについては奈良仏師の慶派の介在が極めて重要であるとみられるのである。この大きな変化がなにによって生起するのかが、差し当たって興味を魅かれるところであろう。

敏満寺の歴史

―失われた寺史を美術・工芸品から考える―

一　失われた寺史―平安時代の敏満寺―

敏満寺の歴史は、基本的には分かっていないというべきであろう。文和三年（一三五四）の年記がある『敏満寺縁起《えんぎ》』によれば、敏達天皇の勅願で聖徳太子の建立とし、木幡谷本堂の十一面観音像、即ち敏満寺の旧本尊ということかと推定されるが、これは菅原道真、即ち天神さんの作としている。また別の記録では、伊吹山飛行上人とは九世紀半ばに伊吹山を山林修業の道場として整備し、その護国寺を定額寺として確立した元興寺の三修《さんしゅう》とみられるが、この飛行上人が草創し、その弟子の敏満童子の開山になるともしている。いずれにしても、周辺の在地寺院の草創伝承と共通する高僧などが登場することになるが、敏満寺の創立はそれほど古く遡らないとするべきであろう。

　というのは、周知のように敏満寺の建つ土地は、かつて東大寺領水沼庄が立券されていた場所であることが、正倉院に伝わる天平勝宝三年（七五一）の「近江国水沼村墾田《こんでん》図」の検討によって明らかとなる。この地図には敏満寺の記載はなく、歴史的事実としての敏満寺の建立は、確実に天平勝宝三年以降ということになる。敏満寺は、前記した『中楽談儀』などで「みまじ」と発音されていたようであるが、この水沼、「みぬま」の発音が「みぬまじ」から「みまんじ」そして「みまじ」というように変化していったとの説もあり、なにか難読になる「敏満寺」も地名に基づく寺院名であった可能性もあろう。続いて敏満寺の記録は、後世に編集された『敏満寺事書』に掲載される、天治二年（一一二五）三月の下文《くだしふみ》で明確となる。

　この下文は、国によって承認されていた公役の免除を平等院領となってからも認めてほしいとの敏満寺の僧の申請に対して、長吏《ちょうり》坊の政所《まんどころ》がそれを承認したものである。『敏満寺事書』に掲載される鎌倉時代の文書に「平等院領大与度《よど》庄」などとあるが、大与度庄は藤原摂《せっ》関《かん》家の荘園で氏寺のひとつ宇治・平等院に伝えられたもので、この記述から天治二年の下文にみえる平等院は宇治・平等院で、長吏坊政所は平等院の本寺ともいえる園城寺の執行機関とみられる。つまり、天治二年頃に敏満寺は平等院、ひいては園城寺の末寺のような立場になったということで、さらにそれ以前に公役の国免を獲得していたのならば、寺院の草創はそれを遡る十一世紀以前になるのであろうか。天治二年時点での園城寺長吏は、歌人としても知られる行尊《ぎょうそん》である。行尊は、熊野・大峰山に修業して熊野検校《けんぎょう》ともなる台密《たいみつ》の験者《げんじゃ》で、通称を平等院僧正と呼ばれるが、鳥羽院などの信任も篤く、寺門の興隆に大きな貢献を果している。あるいは、敏満寺と平等院、ひいては園城寺との関係は、この行尊あたりの計らいによって成立するのかもしれないが、しかし前記した仏像の有り様などからしても、伽藍《がらん》が整備された大寺院があったというようなことではなかろう。平安時代の敏満寺、それは敏満寺の創立に関わる重要な時代とみられるが、一切は闇の中に埋もれてしまっている。

二　戦火よりの復興―重源の参加―

　敏満寺の地主神ともいわれる胡宮神社に伝わるのが、重源によって寄進された銅製五輪塔で、重要文化財に指定されている。重源（一一二一―一二〇六）は、平家の焼打ちによって打撃を受けた東大寺の再興を行う勧進職《かんじんしき》に任ぜられ、この困難な事業を成就した。重源は、自ら熱心な阿弥陀信仰の行者でもあり、信仰を同じくする同朋衆に阿弥号をつけて結束を固め、また東大寺再興に関わる重要な拠点などに別所を建設し、阿弥陀信仰など仏法の布教やそれに伴う社会事業を行っている。一方で、重源は舎利《しゃり》信仰も重視し、密教に基づく五輪塔形の舎利塔などを造立して各地に寄進しているが、その優れた遺例のひとつがこの胡宮神社の五輪塔である。

　この五輪塔（鋳銅・鍍金、高さ三八・九センチ）は、隅足つきの身の側面に四天王像が線刻され、その中に蓮台の上に舎利を納入した水晶玉を納置し、五輪塔をその蓋《ふた》として身に被せている。身の底に刻銘があり、建久九年（一一九八）十二月に舎利二粒を納入したとし、「造東大寺大和尚南無阿弥陀仏」と記している。この五輪塔には、重源の花押《かおう》が記された同年十二月十九日付の寄進状も具備している。この寄進状で重源は、この舎利を「東寺御舎利一粒」と東寺伝来の由緒ある舎利とし、篤く供養することを求めているが、このときの舎利一粒と以前の舎利を具して安置するようにとも記している。本体の銘文には「二粒」とあることからしても、重源は以前にも舎利一粒を敏満寺に寄進していたことになる。この舎利一粒を寄進したのは何時なのかということになるが、重源は建久九年以前に敏満寺と関係することが『敏満寺縁起』に記録されている。

『縁起』によれば、寿永二年（一一八三）三月に敏満寺は兵火のために灰燼に帰した。その再建は文治二年（一一八六）二月より着手され、翌三年十月十八日に拡張された新本堂は、園城寺の倫円を導師として供養された。その半月後の十一月三日に、能書家として有名であった藤原伊経《これつね》の筆になる額が重源によって寄進され、本堂に打付けられている。重源は生涯に行った仏教的善行を記録し『南無阿弥陀仏作善集《さぜん》』として遺しているが、そこには敏満寺―「彌満寺」とする―に、舎利一粒を具備した五輪塔と額一面を寄進したと記録している。復興敏満寺の最も重要な本堂再建供養《さいこん》に、重源はこのような形で関わっているのであり、想像を逞しくすれば、以前の舎利一粒はこの再建事業に関わって寄進されたのではなかろうか。

では、東大寺再建に奔走する重源は、なぜ敏満寺の復興に協力することになったのであろうか。これについてはいまだ確証となる史料が見いだされておらず、大きな課題として残されている。あるいは、地元の伝承でいわれる重源の伊勢群参と関わる当地の多賀大社への信仰に端を発したとも考えられるが、前記したように敏満寺と多賀大社との当時の関係が明らかでない以上、なお検討の余地があろう。やや視点を変えて、敏満寺に対する重源の対応、あるいは意識のようなものを少し考えてみたい。

重源が寄進した五輪塔と同じ形式のものが、播磨《はりま》別所の浄土寺に伝えられている。さらに、周防《すおう》別所阿弥陀寺には鉄宝塔と水晶製五輪塔、伊賀別所新大仏寺には水晶製や板彫五輪塔が残されている。このような現存する遺例や、『作善集』の記述などからしても、この種の貴重な舎利や五輪塔形舎利容器は、各地の信仰拠点であった重源の別所に安置され伝えられる事例が圧倒的に多い。とすれば、重源の意識から、あるいはこの時点での企図からすれば、敏満寺も別所のひとつという認識がはたらいていたとするべきではなかろうか。実質的な面に目を向ければ、そのような意識が存在する事例が認められる。例えば、元久二年（一二〇五）に重源は東大寺七重塔での法華経千部読誦を企画し、その結縁《けちえん》を敏満寺に求める書状が、これも胡宮神社に伝えられているが、これは重源の最晩年の事例であり、敏満寺にも自らの同朋衆がいた可能性を示唆しており、また敏満寺との深い関係がおそらくその生涯を通じて認められるのである。これは、重源が敏満寺を自らの信仰拠点のひとつと位置づけていた可能性を表すものであろう。

では、このような別所が成立する前提について少しみておきたい。『作善集』に「別所」とされるのは、東大寺別所、高野新別所、渡邊別所、播磨別所、備中《びっちゅう》別所、周防南無阿弥陀仏、伊賀別所となる。東大寺・高野山は重源の宗教実践・思想の根幹をなす聖域なのでいうを待たないが、備中とそれに関わる備前《びぜん》は栄西《えいさい》や文覚《もんがく》など東大寺大勧進重源とのかかわりが深い人物との関係とされている。摂津《せっつ》の渡邊別所は瀬戸内と大和・畿内の結節点ともいうべき港湾、交通の拠点であったが、また西成郡安曇江には東大寺の庄があり、伊賀は東大寺の庄園の中核をなすひとつであり、播磨別所の大部《おおふ》庄も何時の時からか東大寺の庄園であったとされている。周防別所については、同郡の吉敷郡椹野庄に庄園があるが、その地は現在の小郡に比定され別所の位置とは大きく離れている。周防は、特に東大寺大仏殿建造の用材を拠出する造営所に指定される重要な拠点地であるが、その選定については重源の沙汰《さた》によるとしており、重源の意向が追認されたこととなっている。周防については、重源の入宋に関わる西国との深い縁などによってこれを造営所としたのかともいわれるが、またその隣国の長門国の長登《ながのぼり》は創建時の大仏造立のための銅を産出した鉱山であり精錬所でもあったので、その輸送などのより広い視点からすれば、古くよりの関係場所ということになる。

このようにみると、重源の別所の建立は、創建期あるいは古くから東大寺の領所となっていた地域や場所の後継地にある事例も多い。ここであえて敏満寺の地に注目するならば、この地はかつて東大寺領水沼庄であったことに注意する必要があろう。水沼庄はすでに平安時代中期の十世紀あたりに退転しており、当時、この地に東大寺の実質的な支配や権益が存していたとはいえない。しかし、東大寺と大仏の再興は奈良時代の創建期の再現を意味し、重源自身も自らを行基《ぎょうき》の追体験に身を置いたとも説かれている。そのようにみるならば、かつて東大寺の庄園が置かれていたこの地にひとつの拠点を据え、結縁者や同朋衆を求めることは、重源にとって大きな意味をもっていたと想像されよう。

三　敏満寺復興についての仮説
―失われた寺史を総括すると

敏満寺と重源についてこのような推測を試みたとしても、なお大きな疑問がいくつか残されることになる。ひとつは、近江や特にこの地域には、おそらくより重要度の高い東大寺の庄園があったのであり、なぜ敏満寺に特定されたのかである。例えば、水沼庄と同じ墾田地図に描かれる覇流《へる》庄は規模も大きく、琵琶湖岸に立地して既に七世紀後半の西河原森ノ内遺跡出土木簡に「衣知評《えちこうり》平留五十戸」とあるように交通の拠点でもあったようであるし、また愛知郡大国庄や神崎郡因幡《いなば》庄などもあげられる。寺院という点からするならば、良弁と関わる近江の古刹として、石山寺や金勝寺にも思いが至ろう。石山寺は既に醍醐寺に関わる真言宗に籍を置いていたであろうが、金勝寺本体は山岳寺院ながらその山麓の要地などにも思いが至ろう。特に、『作善集』には「清水寺橋并世多橋加口入」とあるが、両者は交通の要衝瀬田橋とは近い位置にある。この当時の瀬田橋については、文治三年（一一八七）秋には橋が架かっていなかったと考えられ、建久六年（一一九五）の東大寺総供養列席のために上洛する源頼朝は渡橋しており、この間に再建されたとみられるが、想像を逞しくすれば、重源はこの東大寺総供養に関わって瀬田橋の修築を行ったとも考えられる。とすれば、近江はその地理的条件からして、東国との結節点にある重要な場所であることの認識がなされての敏満寺への介在であったろうから、より有利な位置での占地もありえたであろう。

第二点は、それこそ敏満寺が別所として位置づけられなかった点にある。しかし、前記したように、重源の敏満寺復興への参加は、寄進された舎利関係遺品などからしても、本質は別所に匹敵するが如き場所であったといえよう。とすれば、この場所を別所とするに躊躇する重源にとっての、なんらかのデメリットなりがあったということになろう。さしあたっては、この二点の解明が必要になろう。

そこで注目すべきは、敏満寺が十二世紀に平等院を介して園城寺の末寺になっていたとみられる点である。そしてその関係から、復興時の供養導師を後に園城寺別当となる倫円が務めていることは前記したとおりである。また鎌倉時代の敏満寺に関わった高僧として、長谷前大僧正静忠・慈鎮《じちん》和尚・宇治大僧正良尊・大吉祥院前大僧正行昭の名が挙げられているが、天台座主《ざす》となり『愚管《ぐかん》抄《しょう》』の著者として知られる九条兼実《かねざね》の弟慈鎮―慈円―を除いて、いずれも寺門の高僧で、園城寺長吏となる。また慈円も含めて、これらの僧は平等院のトップ執印に就任しており、基本的には敏満寺―平等院―園城寺の強固な関係が見て取れる。では重源の主要な舞台である東大寺、より広く南都と敏満寺、また園城寺の関係はどのようであろうか。

敏満寺の焼亡が源平の戦いと捉えられる治承・寿永の内乱の結果であったとすれば、それはより大きな規模で、園城寺、さらに東大寺や興福寺の南都も大きな被害を被った。治承四年（一一八〇）の以仁王《もちひとおう》と源頼政の挙兵に最初に呼応したのは園城寺と興福寺で、その結果としてともに平氏軍の攻撃目標とされ大きな打撃を受けている。両者は対平氏闘争という点に関して同盟関係にあったのだが、それ以前に、寺院社会の日常的な関係においても、園城寺と南都は密接な関係を持っている。というのも、同じ天台宗でありながら延暦寺と対立する園城寺は、正式の僧として受けなければならない受戒の儀式を、天台の延暦寺戒壇《かいだん》においてではなく、鑑真《がんじん》の渡来に由来する東大寺戒壇で授けられているのである。また興福寺が依拠する法相《ほっそう》学は、弥勒―無著・世親という系譜を根本としているが、園城寺金堂の本尊も厳重な秘仏になる弥勒菩薩であり、両者は最も尊重すべき主尊を等しくするのである。また、両者ともに延暦寺との抗争もあり、

「敵の敵は味方」という同盟関係もある程度日常化していた。

とすれば、日常的な、さらに反平氏闘争に際しての同盟関係、そしてその結果としての打撃からの復興ということになれば、傑僧重源にとって、遥か東大寺領水沼庄の失われていた記憶と、同時代に行われる園城寺の末寺の状況は、自らの立場や周辺環境に照らしてみても、これに介在して敏満寺を復興し、その結果この地をひとつの拠点とすべく認識したとしても不思議ではなかろう。しかし、重源にしても、園城寺の息が強くかかったこの寺院に、あえて自らの同朋衆に継承されるような強固な別所を築くことは出来なかったのではなかろうか。その点からみれば、十二世紀末期に至って、敏満寺は、平等院―園城寺の強固なラインにある有力な地方寺院としての地位を獲得することになったのである。

このような状況からすれば、十二世紀末期に至って、敏満寺の造像に奈良仏師の慶派が介在し、その強い影響を受けた理由は、まさにこの重源との関係によるものとみられる。逆に、後世の『縁起』や編纂書によって知られる重源と敏満寺の強い結びつきは、五輪塔や優れた尊像群を一級資料としてこれを証明しているのである。現存する銅造大日如来像や毘沙門天像、また木造地蔵菩薩像にみられる慶派の主流と比較しての保守性は、この三躯の像の作者が慶派の影響を強く受けた仏師か、慶派内での群小仏師の作とみるべきであろう。しかし、地域の彫刻史の動向と比較したとき、その先進性は抜群であり、かなりの完成度を示してもいる。この点からしても、重源の介在の大きさは自明と解せようし、あるいは本堂の本尊などはより有力な慶派仏師の手になった可能性もあろう。これら、敏満寺大日堂や胡宮神社に伝えられる美術・工芸品から検証するかぎり、敏満寺は重源にとって「別所」と呼ばれない「別所」であったということになろう。

結びにかえて

中世の敏満寺―次章への課題―

このようにして復興された敏満寺は、いくつかの重要な史料にその名を表している。前記した『縁起』や寺史の記録類に、敏満寺一切経会《いっさいきょうえ》などに平等院領大与度庄の領米などが用いられたことがみられる。貞応年間（一二二二―二四）に、現在の中主町吉川に鎮座する矢放《やはなち》神社の大般若経《はんにゃきょう》の多くが覚西という僧の尽力で補写されたが、巻四五五から八までの四巻は敏満寺の僧が参画している。敏満寺住僧定西、敏満寺西谷僧良鑑、そして多賀大社僧永仁は敏満寺新堂でも書写している。ここに多賀大社と敏満寺の交流が明らかとなるが、敏満寺内に西谷という区画上での区別や、貞応年間にもなお新堂が建造されていたことも分るのである。このように、敏満寺の僧はその領域を越えて、野洲郡の写経勧進に呼応しているのであり、より広い寺院社会の中での積極的な活動がなされていたと推測される。そして、前記した世阿弥の著作にみえる大きな近江猿楽《さるがく》座の成立であろう。

この猿楽座については、文正二年（一四六七）の多賀大社、享禄二年（一五二九）の湖東町押立《おしたて》神社の神事能に、敏満寺の北坂大夫が参加していたことが記録されている。また文明三年（一四七一）坂田郡箕浦庄の定阿弥なる地侍が、敏満寺の猿楽乙若太夫に預けていた証文が紛失したことも記録されているが、敏満寺の猿楽座は近江猿楽の座の中で由緒正しいものと認識されていた。胡宮神社には、平清盛の出生に関わる史料として有名な『仏舎利相承図』なども残されている。祇園女御という白拍子《しらびょうし》に関わる芸能や、『平家物語』などの唱導文学や芸能とも関わる敏満寺の解明は、今後の大きな課題のひとつであろう。

《参考文献》

滋賀県「敏満寺跡発掘調査報告」『滋賀県史跡調査報告　第十二冊』一九六一年
谷岡武雄『平野の開発』一九六四年　古今書院
弥永貞三『奈良時代の貴族と農民』一九六六年　至文堂
小林剛『俊乗坊重源の研究』一九七一年　有隣堂
文化庁『湖東地方の文化財』一九七五年
景山春樹『舎利信仰』一九八六年　東京美術
毛利久『仏師快慶論　増補版』一九八七年　吉川弘文館
滋賀県立琵琶湖文化館『多賀信仰とその周辺』一九九〇年
齋藤望「滋賀・多賀町の仏教彫刻―真如寺と敏満寺大日堂を中心に」佛教藝術一九三　一九九〇年
多賀町教育委員会『多賀町文化財調査報告書　第一集　多賀の文化財　考古・美術編』一九九一年

多賀町史編纂委員会『多賀町史』一九九一年
多賀町歴史民俗資料館『青龍山　敏満寺と東大寺』一九九二年
高梨純次「滋賀・敏満寺大日堂銅造大日如来坐像と敏満寺の鎌倉復興」佛教藝術二一五　一九九四年
佐藤泰弘「四近江　a　近江国水沼村墾田地図」金田章裕他編『日本古代荘園図』一九九六年　東大出版会
大津市歴史博物館『能・狂言のふるさと近江―古面が伝える中世の民衆文化―』一九九七年
高橋正隆「荘園の崩壊と惣村の成立―ある大般若経の識語の示唆するもの―」高橋正隆他編『日本文化のかなめ』二〇〇一年　サンライズ出版

戦国近江の寺院と城郭
―敏満寺遺跡を理解するために―

米原町教育委員会　中井　均

はじめに

「百済寺当（堂）塔伽藍坊舎仏閣悉く灰燼となる。哀れなる様目も当てられず。」

これは織田信長の一代を右筆太田牛一が記した『信長公記』元亀四年（一五七三）四月十一日の条文である。この条文は近江守護六角承禎が鯰江《なまずえ》城に立て籠もり織田信長に抗した際、百済寺が六角方に与したため、信長によって焼き討ちされた時の記録である。湖東三山のひとつ百済寺は寺坊数千坊があったといわれる巨大な寺院であったが、それらが灰燼に帰してしまったのである。

また、少々時間を遡らせると『信長公記』元亀二年九月十二日条には、

「叡山を取詰め、根本中堂・三王廿一社を初め奉り、霊仏・霊社、僧坊・経巻一宇も残さず、一時に雲霞のごとく焼き払ひ、灰燼の地と為社哀れなれ。山下の男女老若、右往・左往に癈忘を致し、取物も取敢へず、悉くかちはだしにて八王寺山へ逃上り、社内へ逃籠、諸卒四方より鬨音を上げて攻め上る。僧俗・児童・智者・上人一々に頸をきり、信長公の御目に懸け、是は山頭において其隠れなき高僧・貴僧・有智の僧と申し、其外美女・小童其員を知らず召捕り、召列れ御前へ参り、悪僧の儀は是非に及ばず、是は御扶けなされ候へと声々に申上候といへとも、中々御許容なく、一々に頸を打落され、目も当てられぬ有様なり。数千の屍算を乱し、哀れなる仕合なり。」

とあり、信長軍による比叡山攻めの凄惨な状況が記さ

れている。

さて、信長はなぜこのように近江の寺院を徹底的に破壊したのであろうか。平安時代のはじめに最澄は比叡山に山籠し、天台宗を開いた。比叡山には延暦寺が伽藍を整え、さらには平安京の鬼門に位置することから、国家鎮護の寺院としても朝廷より厚い保護を受け、大いにその勢力を拡大した。近江はこの天台膝下の地として、多くの天台宗の寺院が建立され、それらは中世には単なる仏教寺院としてだけではなく、荘園領主の側面を有する巨大な権力となった。

一方、永禄十年（一五六七）岐阜に居城を移した織田信長は、「天下布武」の印を使用し始め、軍事力による日本統一を推し進めることとなった。当然のことながら巨大な寺院勢力と信長とは相容れない状況となり、対話的解決ではなく、暴力的な解決がおこなわれるのであった。

こうした信長の暴力的解決に近江の寺院はなすすべもなく、放火され炎上してしまったのであろうか。実は近江の寺院のなかには敏満寺で検出された敏満寺遺跡に見られるような寺院遺構ではなく、防御施設としての遺構が残されている。従来、寺院を城郭史の面から考えられたことはなく、残された遺構は正当に評価されることはなかった。

本稿では近江の寺院に残された防御施設を再検討することによって信長の暴力行為にいかに対処したかを考えてみたい。

比叡山に出現した城郭

ところで寺院が防御施設を構え、城郭化するのは戦国時代という印象が強いが、実はそれ以前から見られる現象である。意外に思われるかもしれないが、寺院の城郭化は歴史上、城郭という用語が登場する最古の事例のひとつである。その事例が比叡山に構えられた城郭である。

『天台座主記』の仁安二年（一一六七）の記録に、

「東塔衆徒以仏院政所并小谷岡本為城郭」
「西塔構城郭於塔下」
「自東塔寄戦西塔之間塔下城郭落畢」
「城郭等引却了」

とある。これは西塔と横川の悪僧が第五四代の天台座主快修を罷免しようとする噂に対して東塔の衆徒との抗争を記したもので、両勢がそれぞれ比叡山中に城郭を構えていたことがわかる。

さらに治承二年（一一七八）に起きた学生と堂衆との合戦については、『平家物語』では、

「学生、大納言ガ岡ニ城郭ヲ構テ立籠ル。八日、堂衆登山シテ、東陽坊ニ城郭ヲ構テ、大納言ノ岡ノ城ニ立籠所ノ学生ト合戦ス。」と記されている。この学生と堂衆の抗争は翌三年にもおよび、『玉葉』には、

「堂衆等、焼払学生等城了云々」

と記されている。

こうした山内の抗争だけではなく、この時期源平の合戦にも寺院に城郭が構えられる。

治承四年（一一八〇）、平家追討に挙兵した以仁王をかくまった園城寺では、『明月記』に、

「園城寺騒動、固関構城云々」

とあり、関を固め、城郭を構えたことが窺える。

こうした城郭はたとえば、園城寺の場合は『吾妻鏡』に、

「三井寺衆徒等構城深溝、可追討平家之由、僉議之云々」

とあり、深溝（堀か？）が掘られていたようであるが、比叡山中に構えられた城郭は戦国時代の城郭のように土塁や曲輪を構築するような恒久的施設ではなく、盾を立て並べる程度のきわめて臨時的なものであったようで、現在比叡山中には敏満寺遺跡のような遺構は認められない。

しかし、治承年間という平安時代末期の最古級の城郭が比叡山という山岳寺院内に出現したことは注目される。

武装する寺院

百済寺は推古天皇一五年（六〇七）、高麗僧恵慈、百済僧道欽のために建立されたと伝えられ、平安時代には天台宗の別院として栄え、堂塔三百余坊、僧俗一二〇〇人が住していたと伝えられる。この百済寺について『近江愛智郡志』に大変興味深い史料が掲載されている。少々長くなるが紹介しておきたい。

「永正十五年　三斗七升

要害庭使日中料七十四人分上山本総四郎下

永正十七年　二斗一升八合
　要害庭使日中料三十六人分善福下
大永元年　四斗五升
　大手要害庭使日中料七十五人分下山本兵衛三郎
　下　九月三日札
大永元年　一斗五升二合
　要害奉行日中料当座十二人承司経営衆加之善福
　下　十月十四日札
大永三年　五斗四升
　要害庭使日中料九十人分南谷重乗下」

とある。さらに進藤館の新築として、

「永正十年　一斗七升
　進藤方へ雇庭使四十五人の日中料六合宛上山本
　小三良下三月十七日札
永正十七年　二斗七升
　進藤方、雇庭使四十五人分下山本神主下
永正十七年　二升
　進藤方へ遣ス庭使共足上山本孫四郎ニ下ス
永正十七年　三斗二升五合
　進藤方へ合力に遣ス庭使間酒四十五人分上山本
　神主下
大永元年　一斗四升四合
　進藤方ヨリ雇人足二十四人分北坂本下
大永元年　一斗二升
　進藤方へ雇入時間酒料北坂本神主下」

とある。

　寺院の城郭化は織田信長の近江進攻に対するときだけではないのである。百済寺では文亀三年（一五〇三）佐々木六角氏と伊庭氏の抗争に端を発した争乱のなかで全焼し、永正年間から大永年間（一五〇四〜一五二八）は伽藍再建の時代であった。この再建にあたって、佐々木六角氏の重臣進藤山城守の指導によって百済寺に要害と大手要害が構えられた。さらに参道の入り口には進藤山城守の居館までもが設けられた。先の『愛智郡志』の記録はこうした建設に要した費用が記されたものである。ここに記されている要害とはもちろん城郭のことを指している。

　また、佐々木六角氏の庶子家で一時期は近江守護ともなった佐々木京極氏の場合も、明応四年（一四九五）に成立した『船田後記』に、

「江州大守佐々木政高進師干弥高山」

「政高下弥高山」

とある。この弥高山とは弥高寺《やたかじ》のことであり、『今井軍記』では、

「明応五年六月治部少輔殿御出陣とき中務少輔殿弥高寺にまします御時」

「清遠一身引切弥高寺の御陣へ馳参り」

とあり、明らかに弥高寺が京極政高の陣所として利用されていたことが知られる。

上平寺城跡より望んだ弥高百坊跡

この弥高寺は弥高護国寺ともいわれ、伊吹山を開いた三修上人によって開基された伊吹四大寺のひとつである。こうした弥高寺の利用は寺院側の自衛手段ではなく、守護家がその要害性を利用して陣所としたものである。おそらく守護家の一方的な利用ではなく、両者には共通の利害関係があったために陣所として利用されたのであろう。

つまり、戦国時代になると巨大寺院は自衛的手段や戦国大名たちと共同して寺院内に城郭を構えることとなったのである。

城郭化した寺院の構造

では、寺院の城郭化としてはどのような施設が構えられたのであろうか。ここでは金剛輪寺の例に注目したい。金剛輪寺は聖武天皇の勅願寺として天平九年（七三七）行基によって建立されたと伝えられ、平安時代には天台宗の修行道場となり、中世には百済寺、西明寺とともに天台宗湖東三山のひとつとして大いに栄えた。元亀二年（一五七一）、比叡山焼き討ちに伴い織田信長に攻められたと伝えられている。

その構造は谷奥の平坦面に本堂を配し、その前面谷筋に数多くの僧坊を階段状に設けている。これらは明らかに寺院構造を示しているが、本来寺院には必要のない堀

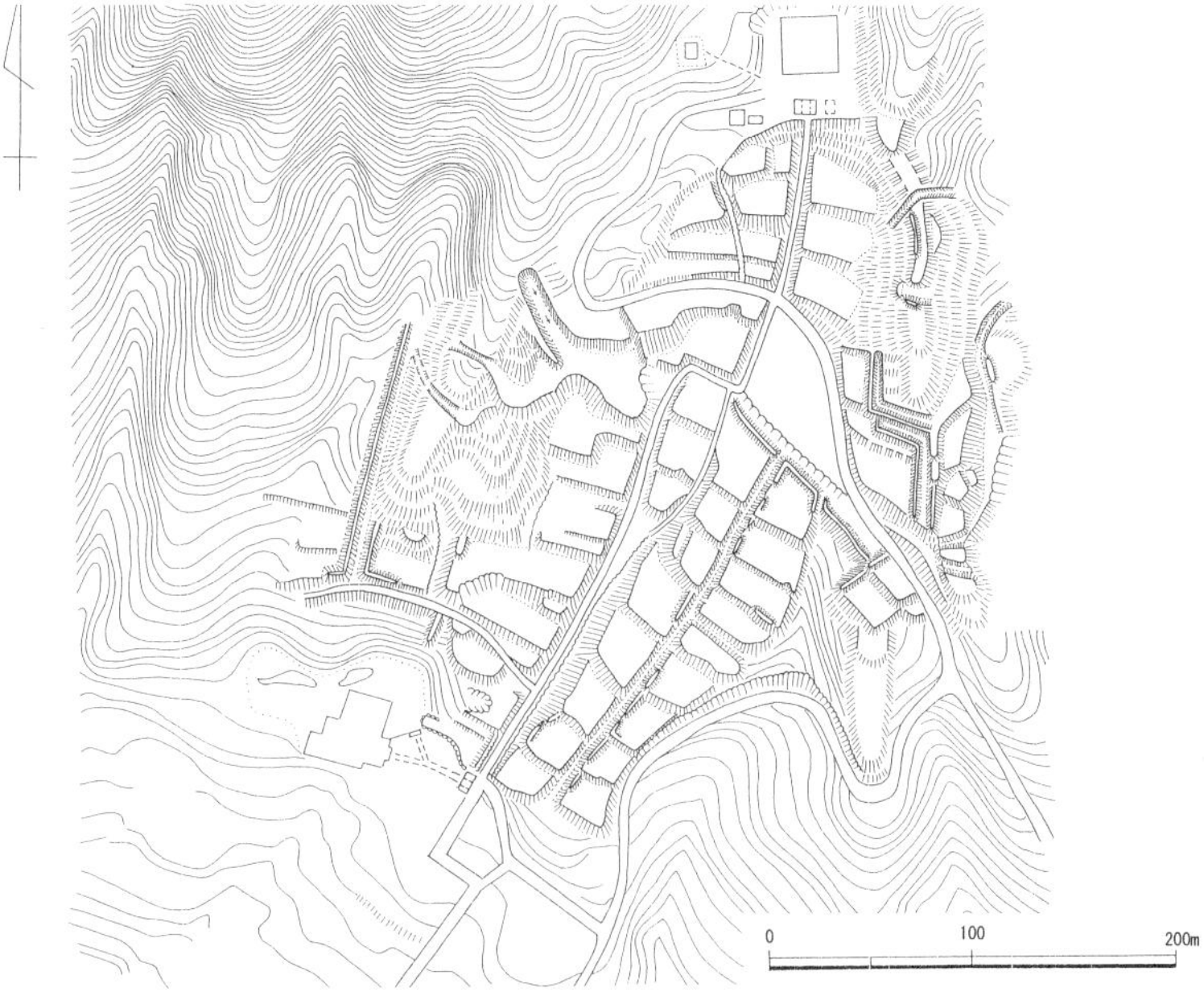

金剛輪寺概要図（中井均作図）

切が本堂の南尾根と北尾根に設けられている。さらに『滋賀県中世城郭分布調査報告書』によると本堂後方の標高四一〇メートル付近に尾根筋を切断する堀切の存在も報告されている。

中世寺院の構造の基本形態は谷筋に僧坊を配していることであり、尾根筋は未加工となる。ところが、金剛輪寺では後方尾根を切断する堀切の存在や、尾根筋上の堀切、削平地の存在は寺院の構造というよりは、むしろ中世山城に見られる防御施設である。特に本堂を中心とした南北尾根筋の防御施設は谷筋の僧坊を両手で囲い込んで防御するように工夫されている。

一方、百済寺も同様に本来必要としない尾根筋上に累々と削平地を設けており、金剛輪寺同様、谷筋の僧坊を囲い込むように防御している。また、赤門の両脇には巨大な空堀が残されている。これが『近江愛智郡志』に記された「大手要害」に相当する遺構なのかも知れない。そうであれば、この空堀によって谷筋開口部を封鎖し、僧坊を防御していたものと考えられる。

このように金剛輪寺や百済寺では尾根筋に削平地や堀切を設けて、防御施設としていたものと考えられる。

さらに京極政高の陣所があった弥高寺跡については、その僧坊跡が段々畑のように残されており、一見して山岳寺院の跡とわかる。ところが、通称大門と呼ばれる門跡は直進を妨げるように屈曲しており、さらにその前面には巨大な横堀が巡らされている。こうした構造も明らかに中世城郭的構造を示すものとして注目される。そして、谷を隔てた東側尾根上には京極氏の居城である上平寺城が構えられており、弥高寺の尾根と交わる箇所には巨大な堀切が設けられている。この堀切は両者が一連のものとして機能し、背後からの攻撃に対処する目的で設けられたことは明らかである。

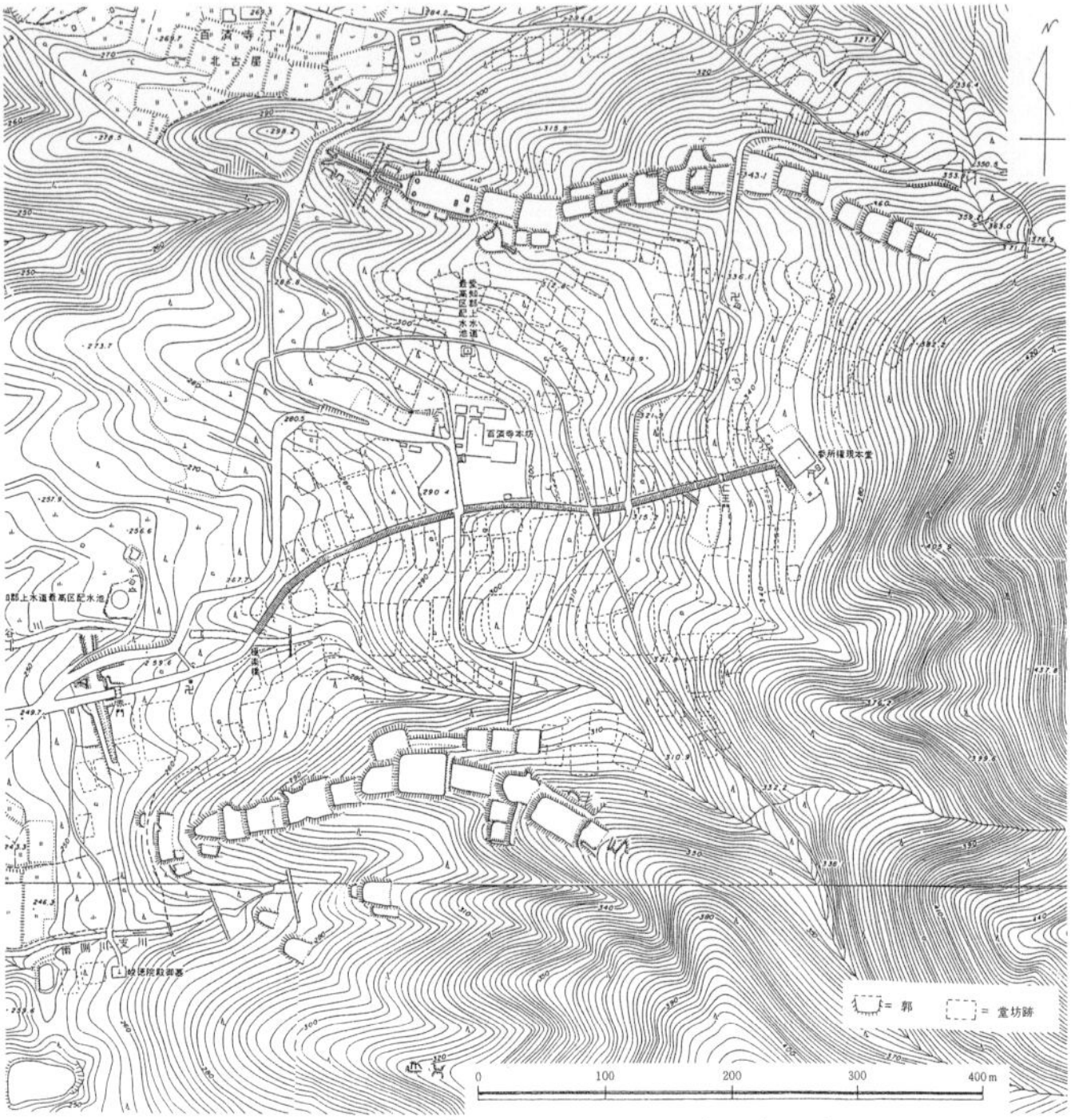

百済寺概要図（『滋賀県中世城郭分布調査５』）

敏満寺遺跡の評価

敏満寺遺跡で検出された遺構は土塁に囲まれた削平地（＝曲輪）、二重の堀切、門跡（＝虎口）であった。こうした遺構は寺院に伴うものではなく、明らかに中世城郭に伴う遺構である。

ところで敏満寺遺跡の構造はこれまでみてきた寺院の城郭化構造とは相違している。金剛輪寺、百済寺、弥高寺等は寺院の伽藍自体が防御施設として改修されている。つまり、寺院そのものが城郭構造となってい

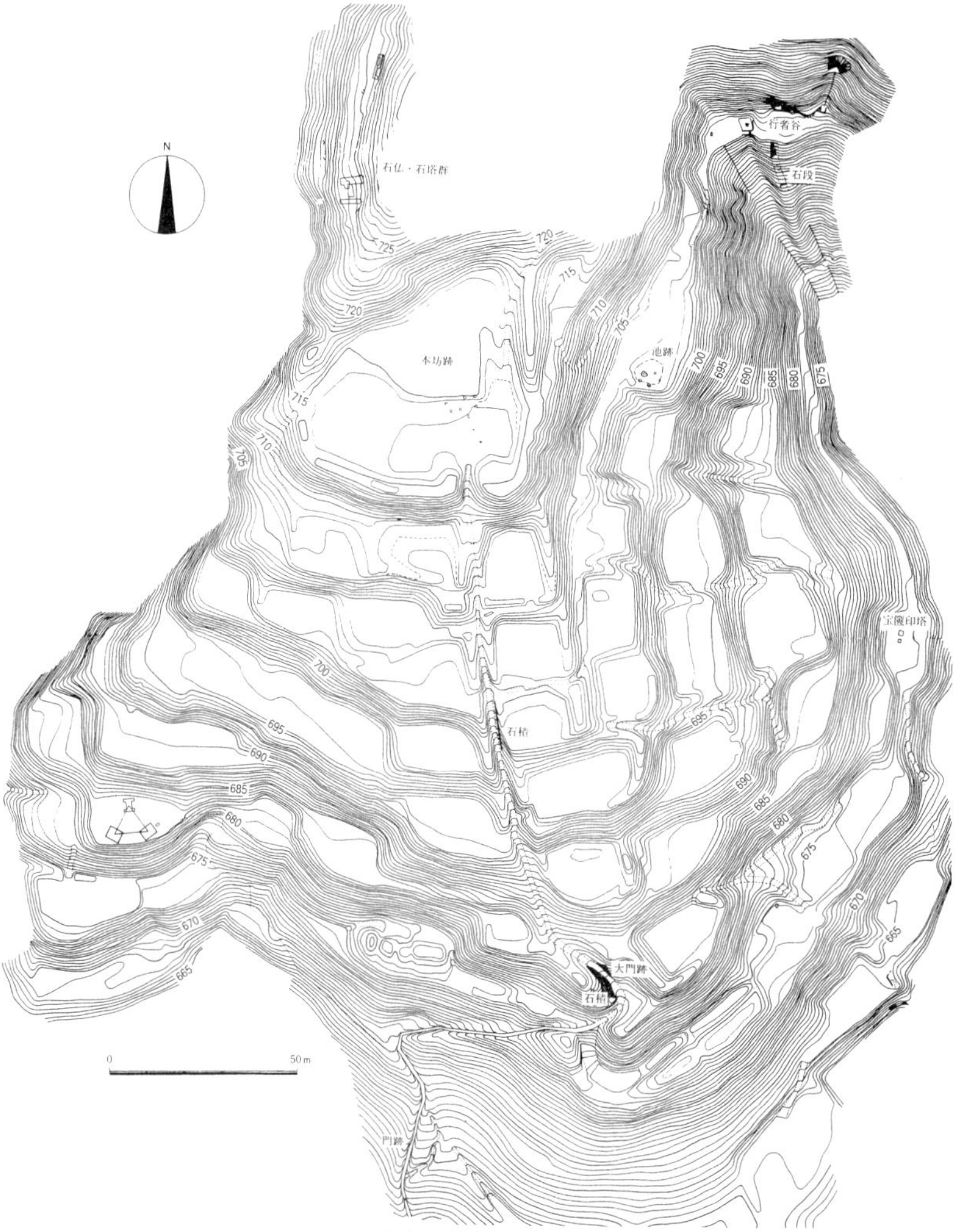

弥高百坊跡実測図
（『弥高寺跡発掘調査概要報告書』）

るのである。

これに対して敏満寺遺跡の場合、敏満寺の中心伽藍とは別の位置に城郭そのものとして構築されているのである。こうした伽藍とは別の位置に城郭を構える事例も案外多く認められる。例えば白山平泉寺（福井県勝山市）の場合、伽藍周囲の山頂部数箇所に山城を構えて、寺院を防御しているし、根来寺（和歌山県岩出町）の場合も

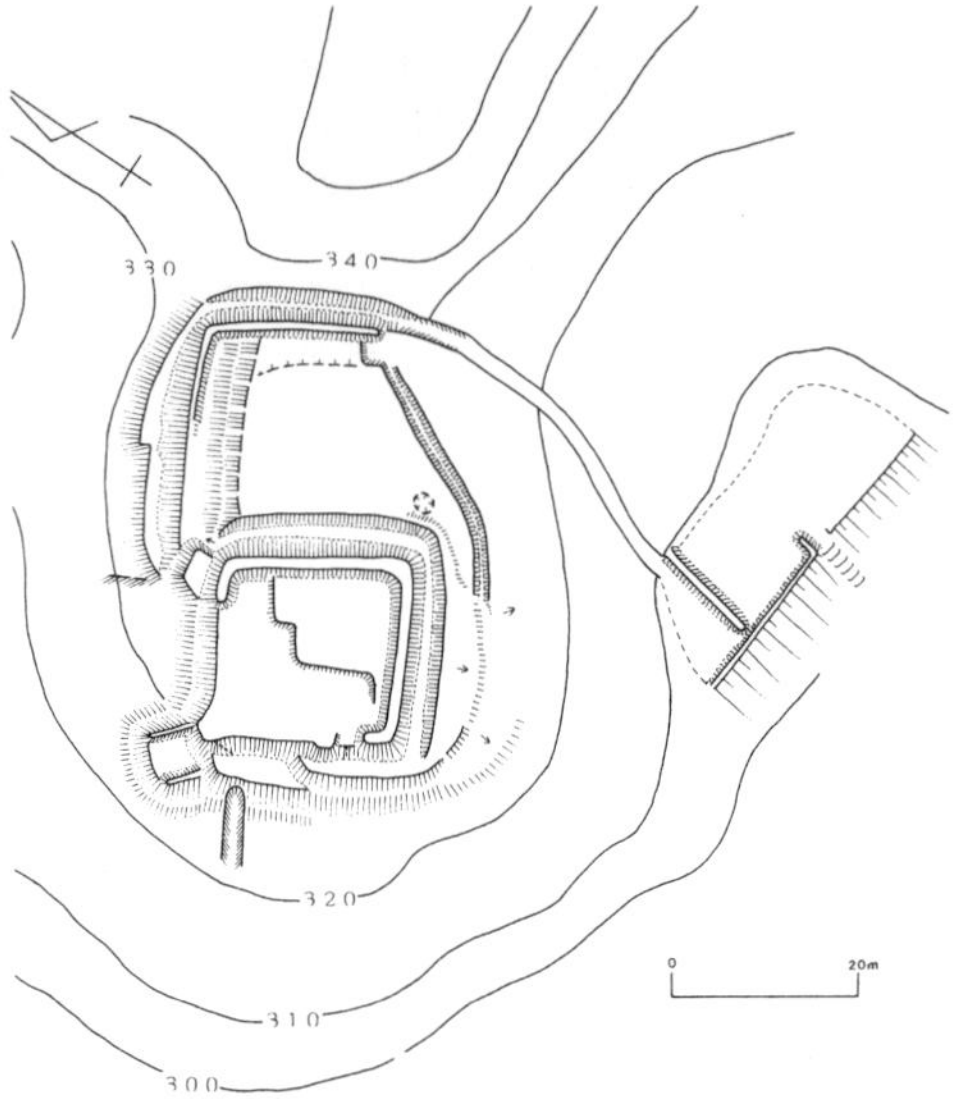

白山平泉寺城跡北谷坊院跡
No,1城跡概要図（中井均作図）

伽藍前方の前山に点々と城郭を構えている。いずれも現在でも明瞭に山城遺構を残している。敏満寺遺跡もこうした諸寺院と同様に舌状台地の先端部に城郭を構えることによって敏満寺を防御しようとしたのであった。

寺院の技術提供

ところで、近江の戦国時代寺院を考える場合、興味を引く史料が残されている。それは金剛輪寺に所蔵されている、『下倉米銭下用帳』と呼ばれる寺院の出納帳である。長享元年（一四八七）分から天文五年（一五三六）までの残闕を継いだもので、大半は天文五年分のものである。『近江愛智郡志』に収められているなかから石垣に関するものを列記すると、

「一斗　御屋形様いしがき賄事、西座出入候へ共、出状仕相果候時酒肴
八斗　御屋形様惣人所下石垣打可申之由之由被仰出、谷十介殿方被来候、上下一宿飯酒
六升　同石垣之事ニ談合衆会酒
二斗八升　同石垣之事ニ三上宗左衛門殿江樽一荷遣候

了
一升　同持行食
八升　御屋形様御石垣打申ニ付て、西座より賄之
事御訴訟申上之由候て、谷十介方被来候、
上下飯酒
一斗二升　同賄之事申候て、谷弥太郎殿へ樽一つ遣候
一升　同持行食
六升　同石垣賄事西座申之間、談合之衆会酒
六升　同賄之事西座之内より扱之事申候て来ル時
酒
八升　同事ニ十介方扱申度之由被申、孫兵衛被来
候、飯酒
一斗六升　上之御石垣之事ニ三上殿使者十介方賄之
事、西座申通被仰候て、御出之時上下両度
飯酒」

などの項目が認められる。ここに記された「御屋形様」とは近江守護六角氏を指しており、「御屋形様いしがき」「御屋形様御石垣」とは六角氏の居城である観音寺城の石垣のことを記したものである。従来この文書にある石垣とは観音寺城の山麓に位置する居館部分（現在の天満宮）の石垣ではないかと考えられていたが、「上之御石垣」とあることなどから、現在も残存している観音寺城跡の本丸や平井丸等山上部分の石垣のことを記しているものと考えてよい。

　さらにここに記された「石垣打」とは石垣を積むこと、つまり普請と考えられる。そうなれば、『下倉米銭下用帳』から読み取れることは、御屋形様（守護六角氏）の石垣打［＝普請］について、六角氏の重臣三上氏の使者谷十介が度々金剛輪寺を訪れ、西座衆と談合していたということである。

　西座についての詳細については不明であるが前住職のお話しによると、金剛輪寺の寺普請をしていた座［＝グループ］だそうである。

　おそらく当時武家側にはなかった石垣構築技術について、観音寺城の改修に六角氏が石垣を導入

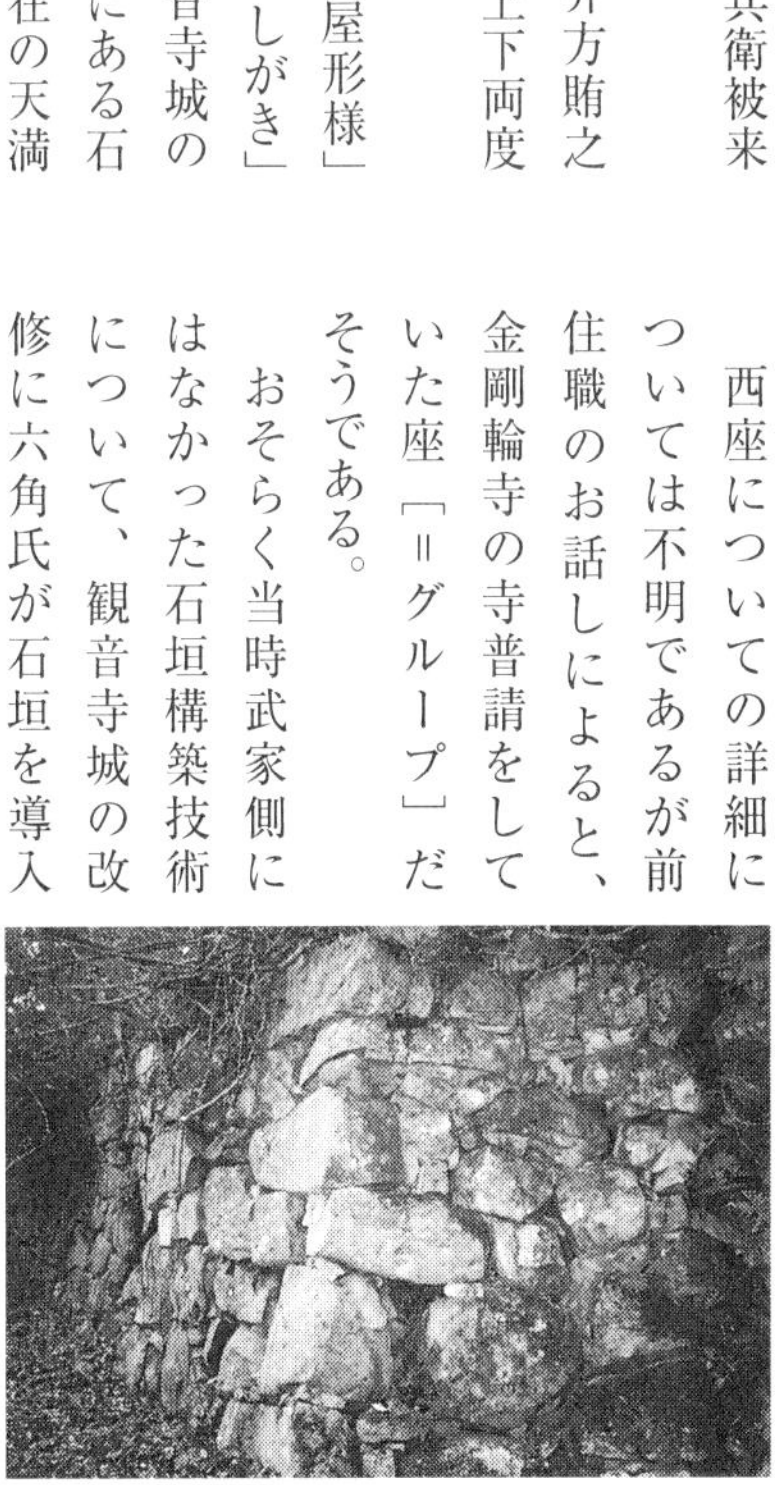
観音寺城跡本丸の石垣

するにあたって、その技術指導を金剛輪寺という寺院側に求めたことが読み取れる。城郭への石垣導入は天正四年（一五七六）織田信長の安土築城が嚆矢といわれている。確かに以後の城郭では石垣の構築は普遍的なものとなる。それ以前の石垣は背面に栗石も用いられず、その高さも一〜二メートル程度の低いもので織豊系城郭の石垣とは明らかに相違するもので、石垣と呼ぶよりは、むしろ石積みと呼び得るものである。

こうした石積みしか存在しない戦国時代の城郭において、観音寺城跡、佐生城跡をはじめ小堤城山城跡、三雲城跡など六角氏に関わる山城には石垣が存在している。こうした六角氏の石垣構築は寺院側の技術提供によるものであった。

山岳寺院は山中に伽藍を構えるにあたって堂宇崩落を防ぐため、前面に石垣を築く。こうした技術がそれぞれの寺院に伝えられたのであった。近年、城郭の石垣に先行する一五世紀〜一六世紀の石垣が、白山平泉寺や慈照寺銀閣などから発掘されている。

おわりに

戦国時代の有力寺院は決して宗教活動の場としてのみ存在するものではなかったのである。寺院勢力は戦国大名と拮抗する勢力を有しており、大名としばしば抗争を起した。こうしたなかで寺院は寺院そのものを城郭化することによって防御性を高めた。あるいは寺院の周辺に武家側が築いたものと同様の構造を持つ城郭を築くことによって寺院を防御した。さらには武家側が寺院を城郭として利用もした。

また寺院の持つ技術、例えば石垣などが武家側に導入されることによって土の城郭は石の城郭へと発展し、後の近世城郭へと引き継がれていくのであった。

従来こうした歴史は寺院史側からも城郭史側からも検討されることはなかった。

敏満寺遺跡は戦国時代の敏満寺が寺院を防御する目的に構築した城郭そのものであるが、この性格を検討することによって従来ほとんど関心が持たれなかった寺院と城郭の関係をも明らかにすることができた重要な遺跡として位置付けできよう。

最後に織田信長の築いた安土城は近世城郭の門戸を開いた城郭として位置付けすることができる。そこには高石垣、礎石建物、瓦という、中世城郭には存在しない三つの要素が認められる。この安土城は信長の独創として考えられる場合が多い。しかし、『信長公記』を読むと、天主の作事には熱田御大工岡部又右衛門、瓦の生産には南都の瓦師が、また、金具師は首氏がそれぞれ動員されていたことがわかる。これらは中世の寺社造営に関わっていた工人たちであり、実は安土築城は寺社技術が導入されて完成したのであった。天主内部を飾っていた障壁画を描いたのは狩野永徳一派であったが、狩野派も京都の寺社造営に関わっていた工人集団であり、安土築城はまさしく寺社技術を総動員しての築城だったのである。

敏満寺遺跡の門跡石垣

《参考文献》

滋賀県愛智郡教育会　『近江愛智郡志』　一九二九年

用田政晴　『弥高寺跡調査概報』　伊吹町教育委員会　一九八六年

横田洋三・中井均『敏満寺遺跡発掘調査報告書―名神高速道路多賀S・A上り線施設等改良工事に伴う埋蔵文化財発掘調査報告書―』　一九八八年

愛東町教育委員会・歴史研究会「愛史会」『第一回　楽しく学ぶ歴史シンポジウム　城ってなんだろう?』　一九九〇年

川合　康『源平合戦の虚像を剥ぐ―治承・寿永内乱史研究』一九九六年　講談社

松下　浩「穴太積の再検討―北垣聰一郎氏の議論によせて―」『織豊城郭』第三号　織豊城郭研究会　一九九六年

中井　均「安土築城前夜―主として寺院からみた石垣の系譜―」『織豊城郭』第三号　一九九六年　織豊城郭研究会

中井　均『近江の城―城が語る湖国の戦国史―』　一九九七年　サンライズ出版

中世における墳墓跡の比較考察

滋賀県文化財保護協会　松澤　修

石仏谷は青龍山の西側の山裾、南谷と呼ばれている場所にある。その場所を訪れてみると夥《おびただ》しい石がその斜面一帯を覆っているのが目に付くだろう。その石塁重畳の一角に一段と巨《おお》きな石も目に付く。あたり一面に何かしら森厳な雰囲気が漂うのを感じるだろう。そして近寄ってその一つの石を見るとその表面に何かが彫り込んで

図1　石仏谷全体図

あるのがみえる。石を覆っている木の葉を除いて覗き込めば仏さんが凝《ぢ》っと見つめ返すのに気が付く。そして返って周《あた》りを観ると同じような仏さんがそこかしこから見つめているのに気が付くだろう。川原でもないのに何故こんなに石が、そして何故仏さんがと、そんな思いに駆られて、も一度周りを見渡すとその斜面がひな壇のように削られているのが見える。さらに今までばらばらにあると見えた石が、実はあるものは方形に、またあるものは円形にそれぞれ纏《まと》まって小さな区画を造っていることに気づくであろう。石仏谷はその斜面を雛壇のように削り、そこに石による小区画を造り石の仏さんを据えている、そのような纏まりがいくつも、いくつも集まったそんな場所である。

　石仏谷の石を集めた小区画は墓跡である。現在までに全国各地でこのような形態の遺構は数多く調査され、その多くからそこに葬られた人物の骨、そしてその骨を収めた蔵骨器《ぞうこつき》などが出土している。滋賀県内では日野町大谷墳墓跡、大津市霊山墳墓跡、甲良町正楽寺墳墓跡、日野町西明寺墳墓跡などが発見・調査されている。

大谷墳墓跡

　このうち蒲生郡日野町の大谷墳墓跡は町の中央北部の大谷丘陵と、国道三〇七号沿いの支丘陵という二つの丘陵に造られていた。調査はその北側の丘陵について行われた。調査は工場地の造成に伴って為されたもので、調査時にはその丘陵の上部、そして北側は工事によって既に壊され、そこに存在したであろう墓跡に使われていた蔵骨器は削平された土の中に散乱していた。しかし、幸いにも丘陵の南側中段の墓跡は元のまま残されており、貴重な遺構そして遺物が検出されたのである。

　検出された遺構は谷に向かって平行に造られている。その西側の墓跡は石を組み込み積み上げたもので、その平面形は長方形に造るものが多い。1号墓跡は単独で丘陵中腹を掘り窪め、石を集めて長方形の区画とし、その内部には納骨坑をつくり五輪塔を据え、その下部に蔵骨器を据えたものである。2号墓跡はその山側を切石で区画し、前面に蔵骨器を埋置したものである。ここで出土した瀬戸の瓶子は蔵骨器として埋置する直前にその口縁

図2　大谷墳墓跡III区中段遺構

部を打ち欠いている。それはこの打ち欠かれた口縁部が上部の石の間から出土したことで判明したのである。3号墓跡は比較的大きな石でその東側、南側を区画しその内部に納骨坑、蔵骨器を収めたもので、さらに区画の南側に長方形の張り出し部を造る。この部分は他の例から考えて五輪塔を据えていた場所であると観られる。八号墓跡は大型の石でその縁を区画しその内部に納骨坑を設けている。さらにその南側に五輪塔を設置する。他の例が地輪が残るのが殆どであるのに対し、ここではその上の水輪が残っていた。この墓跡ではさらに、その下部に焼成土坑がみられ、11号墓跡と共にこの場所で火葬が行なわれ、その上部に墓が形成されたものである。4号墓跡は区画が明らかでなく、一面に敷かれた広い石敷きの内部に蔵骨器が埋置されていたものである。なかには歯など小さな骨を入れるだけの青白磁水注も出土している。5〜7号墓跡は長方形の石積み区画を連ねて形成しているもので、その内部に蔵骨器や納骨坑を埋置、設置しているもので、6号墓跡は5、7号墓跡の間にそれらの後から造られたものである。9号墓跡は三段の土坑にそれぞれ蔵骨器を埋置し、その上部に一連の長方形の石積み区画を設け、そこに三基の（うち南側はその痕跡から）そこに一基が置かれていたことが推定された）五輪塔の地輪が観られたことから、五輪塔がその下部の三個の蔵骨器に対応して据えられていたことが判明した。このうち中央の地輪に円形の小孔が穿たれていた。また、この墓跡の南側の一段低い場所に9号墓跡と面を揃えて敷石し、そこに五輪塔とは異なる台石が設置されていた。石仏か、あるいはさらにこの上に五輪塔が載せられていた可能性も考えられる。東側は石を多用せずに墓を築いている。10号墓跡は斜面を平坦に掘り窪めそこに蔵骨器を埋置し、その上部に平坦な石を敷き並べている。墓跡の北側に五輪塔の地輪がみられたことから、この平坦な敷石の上部には五輪塔が設置されていたものと考えられる。11号墓跡は斜面を孤状に削り、さらにその内部を方形に二段に削平し、その上段に三個の蔵骨器を埋置し、下段はその半分が工事により削られていたが、そこには余り密ではない敷石を設けてい、その下部の西側には蔵骨器とさらにその下部に長方形の火葬坑が存在した。また、東側には蔵骨器とこちらは円形の火葬坑が造られていた。ここでは六個の蔵骨器が出土していることから、おそらく削平された谷側部分にも火葬坑が存在していた可能性が強いものと考えられる。八号墓跡と同様にこの場所で火葬・納骨が為されていたものである。

　これらの墓跡はその築かれている方向から1〜3、8号墓跡が一連のもの、4号墓跡が一つの、5〜7号墓跡がまた一連の、9号墓跡は一つの、そして10・11号墓跡が一連のという形で関連づけられる。このうち1〜9号墓跡は川原石を多量に使って積み上げる方法で造っており、上記のように分けても、なお同じ系列の集団の墳墓と捉えられる。一方、10、11号墓跡は、1〜9号墓跡と異なる造り方で、そのお互いに共通する内容であることから1〜9号墓跡の集団とは別の集団による墓跡と考えられる。

　この調査地では以上の墓跡のほか谷を挟んだ西側の尾根、あるいは南側の尾根には中世の館跡である平坦面がある。尾根の一部を削平したこの平坦面には建物が造られていたと観られる。その西側の館跡の最上部の平坦面にはその周囲を空堀りの溝が造られ、その溝が囲む内部には細かい石を積み上げた積み石塚が築かれていた。この石を取り除くとそこには火を受けて変容した中国船載

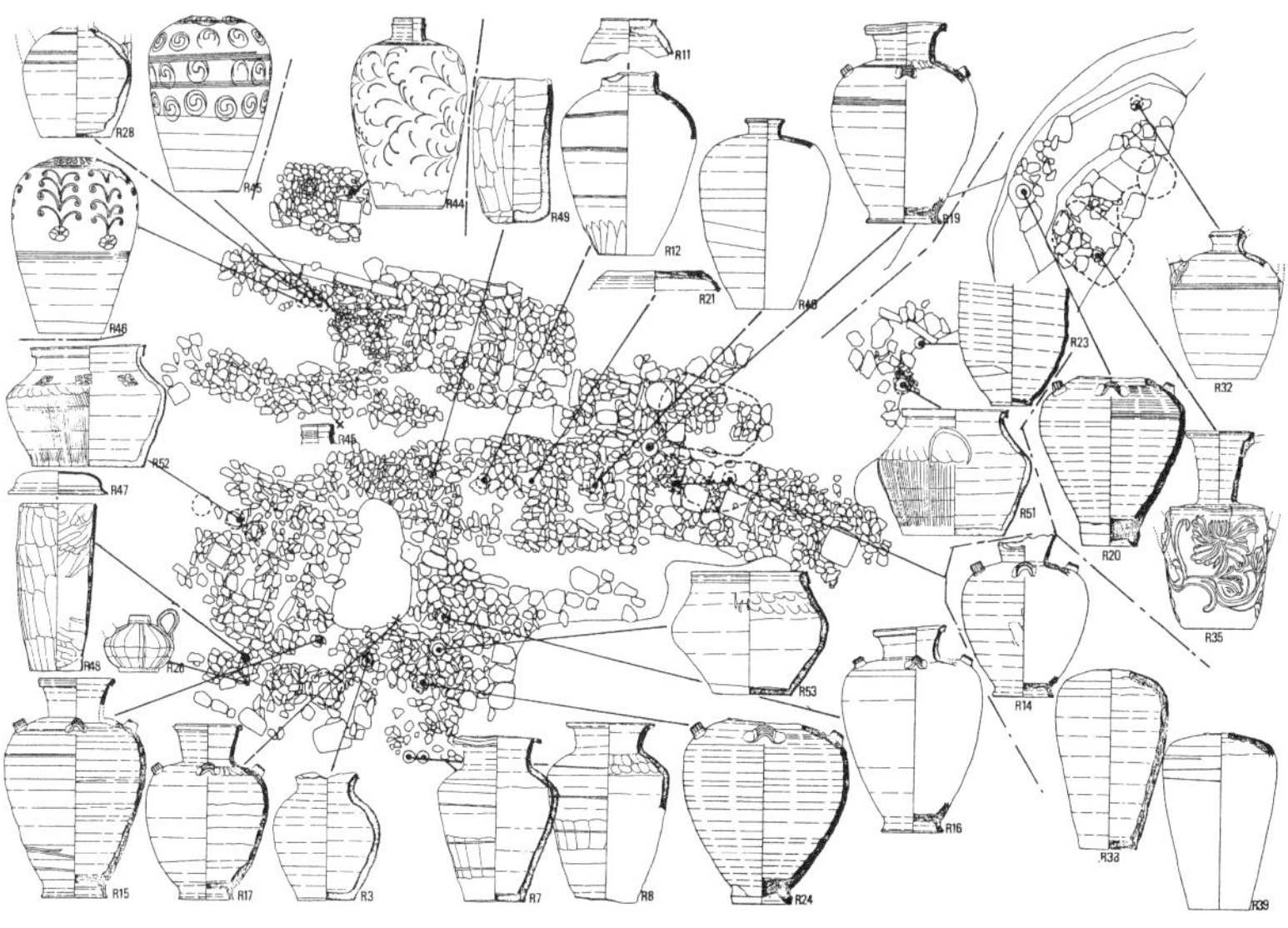

図3　大谷墳墓跡

の青磁碗と鉄製の短刀が埋置されていた。これは火葬骨は見られないが、その塚の形状や遺物の状態から見て火葬した後火葬骨は別の場所に埋め、その際に共に焼いた上記の副葬品、あるいはその他のものを集め、この屋敷地の最上部に塚を築いて捧斎《ほうさい》した、いわゆる詣り墓跡と考えられる。その捧斎される位置、形態から見てこの館における需要な人物に関わる塚跡と見られる。

この墓跡からは多種多様な蔵骨器が出土している。それは渥美の壷、常滑の三筋壷・壷・不職壷・甕、瀬戸の鉄釉巴文梅瓶・鉄釉草花文梅瓶・灰釉草文梅瓶・灰釉瓶子・灰釉水注・灰釉四耳壷・灰釉牡丹文水注・灰釉卸目皿、越前の壷・お歯黒壷、信楽の壷・甕、土師質筒型容器・皿、中国船載の褐釉壷・青白磁水注・青磁四耳壷などである。このような蔵骨器のほか花崗岩製の地輪・水輪・火輪・風空輪の四部を組み合わせて建てる五輪塔が出土している。それは大型で細工もよく、一部の水輪には鋭い薬研掘りの阿弥陀如来を表す梵字・キリーク、あるいは定印を結んだ阿弥陀如来を半肉掘彫りにしたものなどがありいずれも優品である。他に圭頭の板状の石材に阿弥陀如来を半肉彫りした石仏がある。また、上述したように館跡の詣り墓からは鉄製の短刀・釘、青磁の碗、土師質碗・小皿が出土している。これらの遺物は十二世紀後半から十五世紀前半のものであるがその多くは日用品からの転用で蔵骨器として使われたもので、製作された時期と蔵骨器として使用された時期には若干の齟齬《そご》があるが、おおよその時期、鎌倉時代から室町時代にかけての墓跡と考えられる。

大谷墳墓跡はこのように、その区画のなかに五輪塔の施設までを含んだ規格性のある墓跡に当時の一級品の蔵骨器を納めた遺跡であり、これを造り、あるいは葬られたのはどのような人々であっただろうか。具体的にそれを証明する資料は出土していない。しかし、同じ丘陵を占有しそれを切り開いて造った館跡がその近縁にあり、その位置関係からみてこの館跡と無関係ではなく、おそらくそれに付属して造られた墓跡と考えられる。その館跡の北側の、大谷墳墓席と谷を隔てて向かい合う曲輪跡の最上段には詣り墓と考えられる塚跡があり、その内部には青磁碗と共に短刀が納入されていた。短刀はいうまでも無く武士の持ち物であることからこの館跡が武家のものであり、それに関連する大谷墳墓跡は武士階級のものと推定出来よう。しかもその墳墓の内容が一級のものであることからそれは当地の有力な武士団とみられ、おそらく当地の雄族、蒲生氏ではないかと考えている。

正楽寺《しょうらくじ》墳墓跡

　正楽寺墳墓跡は甲良町の北東部、多賀町との境の勝《しょう》楽《らく》寺《じ》山山裾に築かれた遺跡である。遺跡のあるこの正楽寺には、京極導誉が築いたその居城と伝えられる勝楽寺山城跡、あるいは勝楽寺がある。この勝楽寺は室町時代に大いに興隆し、西明寺、金剛輪寺、百済寺のいわゆる「湖東三山」や敏満寺などと共に湖東地方の天台寺院の一大勢力であった。しかし、戦国時代には他の天台寺院と同様、織田信長に対抗し、その近江侵攻により衰退したものである。現在の勝楽寺付近にはかってのその堂院跡とみられる平坦地がそこかしこに存在し、その勢威が偲《しの》ばれる。

　墳墓跡は現在の集落から勝楽寺山へやや上った尾根の上に造られていた。本来斜面である尾根を雛段状に広く平坦に削平し、そこに墓を築いていた。調査範囲が狭かったためにその全貌は明らかではないが、次に記述するような墓跡が発掘されている。なお、この雛段状の平坦面をテラスと呼称して記述する。このテラスと呼ぶ平坦面は八面ある。

　テラス１は遺跡の上部に造られていたものである。ここからは五基の墓跡が検出されている。１～４号墓跡はその外郭を大きな石で区画しその内部を土で盛り上げてつくるもので、その下部に土坑が造られているが骨や蔵骨器などは認められなかった。このうち１号墓跡、３号墓跡には五輪塔や板碑型の石仏が置かれていた。５号墓は石を敷き詰めて区画を造るもので、内部からは埋葬に関連する遺物は検出されていない。これらの遺構はその内部の土の状況から一度掘り返されている可能性があり、その結果遺物が出土しなかったことも考えられる。このテラスの上部にもテラスが発掘されているが墓跡は検出されていない。

　テラス２はテラス１の北側の下部に造られていた。ここからは石列で方形に区画しその内部を土で盛り上げる墓跡が一基検出された。その北側は崩壊し規模は明らかではない。その下部からは土坑が見つかっているが遺物

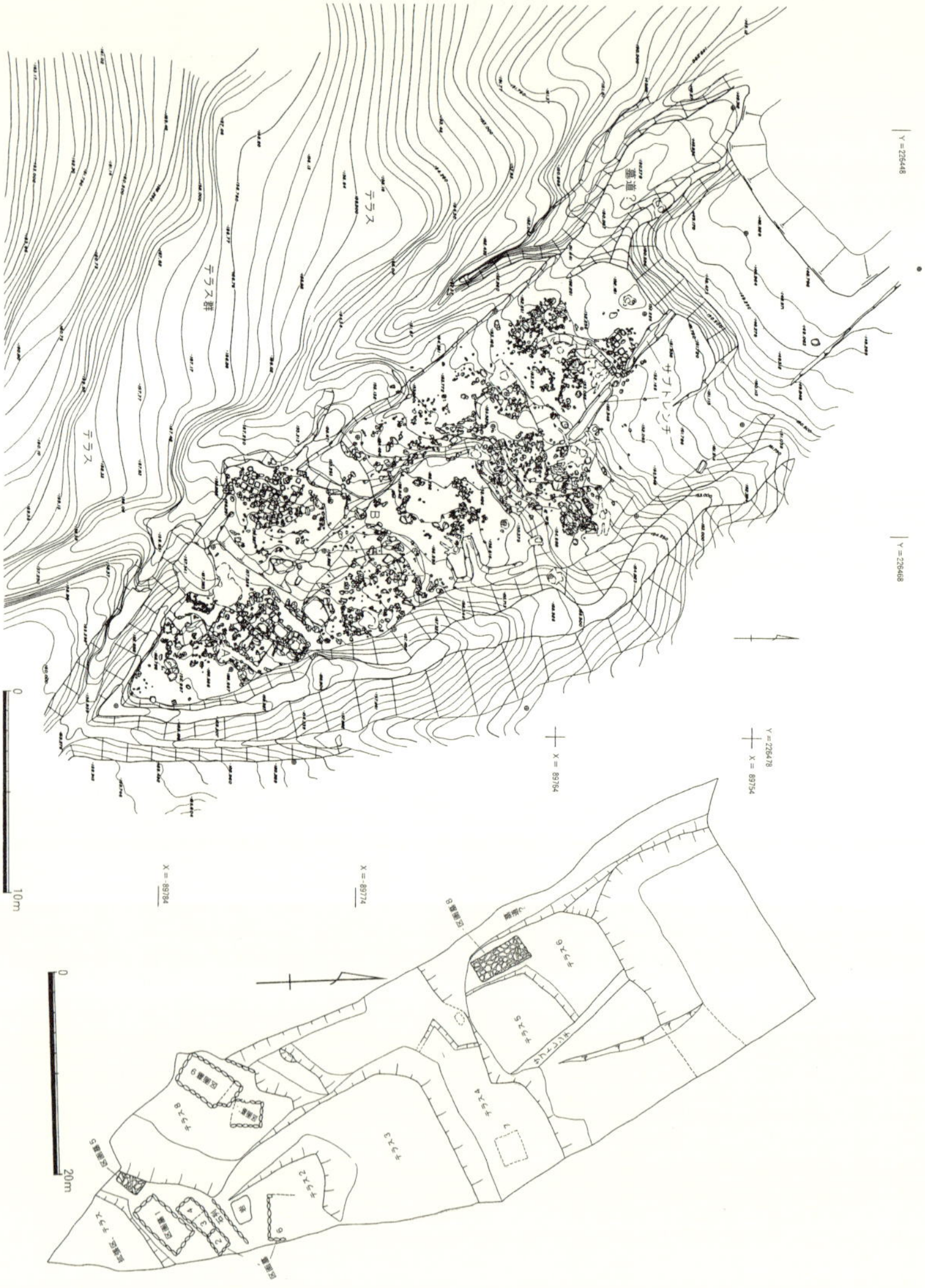
テラス
テラス群
テラス
墓道？
サブトレンチ
B
0
10m
0
20m
Y = 226448
Y = 226468
Y = 226478
X = 89754
X = 89774
X = 89784

図4　正楽寺遺跡（全体図）

は出土しなかった。なお、このテラス1、2の間には石列が設けられ、さらに上面が平らな巨《おお》きな岩が据わっており、墓跡に伴う祭壇のようなものと考えられている。

テラス3は後代の撹乱を大きく受けており、石の集中した部分はあったが墓としては明確に出来なかった。この下部に焼土や焼骨、炭化物を含む土の入る土坑が検出されている。このテラス3からテラス1に向けて登る細長い斜面が造られていた。

テラス4はテラス3の北側下部にあり、その西側にテラス8につながる斜面が造られていた。ここでは石による区画様の遺構が確認されたが明確ではなく、墓跡であるのか判らなかった。

テラス5はその東側半分が後世の削平を受けている。五輪塔が採集され、さらに石の集中した部分もあるが、遺構としてまとまるのは方形に近い形で石を並べその下部に土坑を設けたものである。ただ、この土坑の内部に骨等がみられないことから墓であるとの確証は得られていない。

テラス6はテラス5の北側の下部に造られていた。その東側が削平により当初の形状が損なわれている。このテラスには上段のそれから流入したとみられる五輪塔などの石造品が多量に出土している。ここからはほぼ方形に石を敷き詰めた遺構が確認されている。遺物は検出されていないが、その形状から墓跡と考えられた。ほかに、五輪塔の地輪の下部から土坑跡が検出された。その内部の埋め土から骨片や木炭などがみつかり、火葬骨の埋納土坑跡と考えられた。

テラス8はテラス1の下段に造られていた。ここからはその外側を石で区画し、内部に土を盛り五輪塔や石仏を設置した墓跡が二基検出されている。うち9号墓跡は当初二メートル×四メートルの方形に造られ、五輪塔が十二基据えられた状態で遺存し、その南東部の地輪付近から瀬戸の灰釉瓶子《かいゆへいし》の底部が出土した。それらの下部に九基の土坑跡が検出され内部には火葬骨が埋められていた。この区画の北辺に、やはり石による区画が造られ石仏が据えられていた。その南東隅部には瀬戸の灰釉四耳壷が埋置されていた。もう一基は先の墓跡の北側にその南辺を接する形で、その方向を別にして造られ、その外側を石で区画したものであるが、石列の南と西側が崩壊し明確ではない。その内部に石仏が倒れた状態で認めら

1～4号墓跡

0 2m

立面図

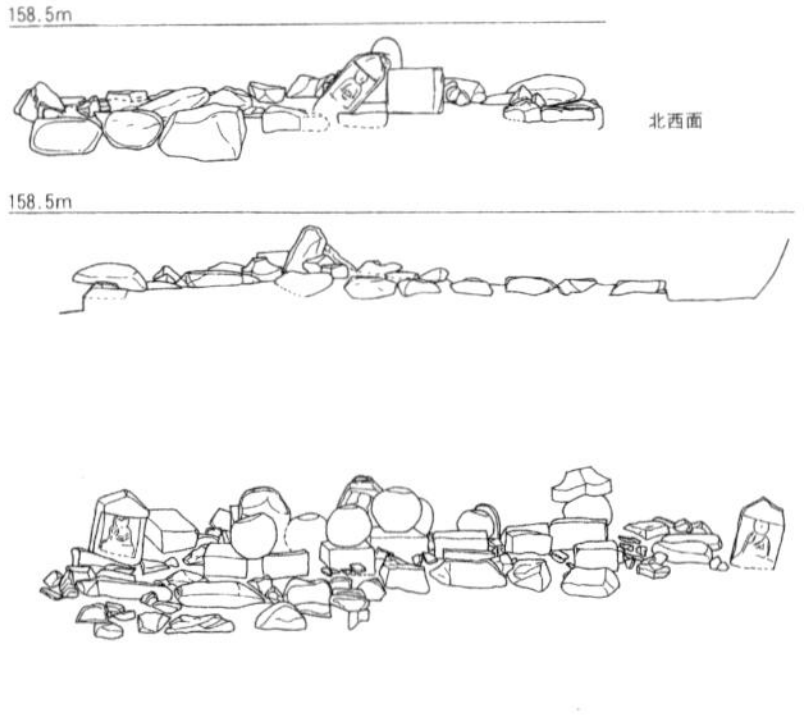

9号墓跡

0 2m

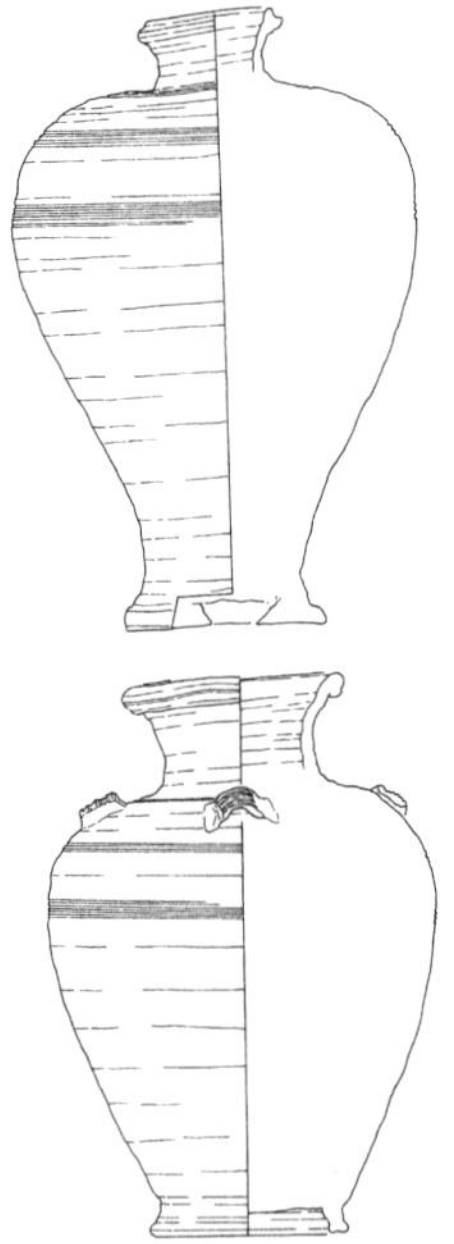

出土陶器

正楽寺（1～4号）9号出土陶器

れた。また、その東側に小土坑が設けられている。この墓跡はテラス2の墓跡とその方向を同じくする。

遺物は上述の瀬戸の灰釉四耳壷・灰釉瓶子のほか少量の美濃、瀬戸の天目茶碗、常滑の大甕、信楽の壷が出土した他、板状の石に阿弥陀仏、五輪塔を半肉彫りしたものが三十四点、五輪塔の部材が百四十点ほど出土している。失われた墓跡を考慮においても一基に数点のこれら石製品が設置されていたものとみられる。

正楽寺墳墓跡は一つの尾根を占有し、そこを雛段状に広く平坦化し墓を造るものである。墓跡には納骨坑とみられる土坑跡はみられるが蔵骨器による納骨が多くない点に特徴がある。この点は墓跡のうちに後世の再整理の跡がみられることから、その際に動かされた可能性、あるいは盗掘されたことも考えられるが、矢張り当初からそれは少ないのであろう。墓跡は石で外周を区画しその内部を土で盛るものが主で、そこに五輪塔や石仏を設置する形である。墓跡はやや大型のものが単独で造られるものが目立つが、2～4のように連結して造られるものもある。この点もテラス3～6のように後世の撹乱の影響があり、不明な点も多い。その他に石による区画を造らず、土坑に骨を入れる形の墓跡もある。この各テラスは墓道がつけられている。それはテラス6の西側を通りテラス4に至るものと、テラス3からテラス1に至るものが顕著に認められる。その年代は墓跡については蔵骨器は十四～十五世紀のものであり、石造品のうち五輪塔は十五世紀のものが大半で十六世紀に降るものもある。また、板状の石仏類は十六世紀のものである。墓地出土ながら墓跡に直接関係しない遺物類は十六世紀以降のものである。こうしたことから墓跡は十六世紀までのものであると見られる。従って、この墓跡は麓の勝楽寺と同様、信長の近江侵攻によってその命脈を終えたと考えられよう。

大谷墳墓跡と正楽寺墳墓跡との比較

正楽寺墳墓跡は調査地以外にも墳墓跡群が存在することから、その内容について性急な言及は慎まねばならないが、ある程度は可能であるので現時点での大谷墳墓跡との比較を試みてみよう。

大谷墳墓跡は居館に伴う墳墓で、尾根を横方向に使い規格性のある区画を連綿として造り、墓は石積みするものと敷石状にするものがあり、その納骨は蔵骨器もしくは納骨石室が使われ直接骨を土中に納めるものは無い。より丁寧な例では蔵骨器、納骨石室、五輪塔が一つの組み合わせとして造られる。また、火葬坑の上に墓が造られる例もある。供養塔は五輪塔が主で板状の石仏は例外的に一例みられるのみである。正楽寺墳墓跡はその位置からみて勝楽寺に付属する墓跡であり、尾根を縦方向に使い、石による区画を造りその内部を土で盛る、あるいは敷石する形で墓を造る。蔵骨器を使用する場合もある。そこには供養塔として五輪塔を据え、さらに追善の為と考えられる板状の石仏を建てている。また、この石による区画を造らず土坑に直接火葬骨を納める墓もある。ただ、その石造品に刻まれているのは共に阿弥陀仏であり、その点でなんらかの共通するものがあろう。

上田上牧《かみたなかみまき》遺跡

中世の墓には大谷、正楽寺墳墓跡などの石組みを行い、蔵骨器などを使う墓の他にもいろいろな葬り方がある。それは正楽寺墳墓跡でも一部見られた土坑に火葬骨を納める方法や、土坑に直接遺体を納める方法等である。ここではその形の墓跡が発掘された大津市の上田上牧遺跡の例を取り上げ、その内容を見てみよう。

土葬跡について

Ｔ２―３調査区のＳＸ01と呼ばれる土坑跡で、長径八八センチ、短径五五センチ、深さ六二センチの長方形に掘られていた。内部からは大小の土師皿と鞴《ふいご》の羽口の破片が出土している。小型の土師皿は土坑の底についた形で、また大型の土師皿と鞴はやや浮いた状態で出土している。こうした内容からこの土杭跡は土杭墓跡と考えられ、小型の土師皿を置き、その上に遺骸を納め、さらに大型の土師皿と鞴、石をのせて埋葬したものと考えられる。その土坑の規模から遺骸は横臥屈葬《おうがくっそう》とみられる。これと同様な土坑跡がＴ５―２調査区のＳＫ01―05―18と呼んでいる遺構として検出されている。これらは十三世紀から十五・十六世紀の遺構である。

火葬墓について

Ｔ１調査区のＳＫ04と呼ばれる土坑跡で、長径一七〇センチ、短径一一〇センチ、深さ一八センチの胴張りの

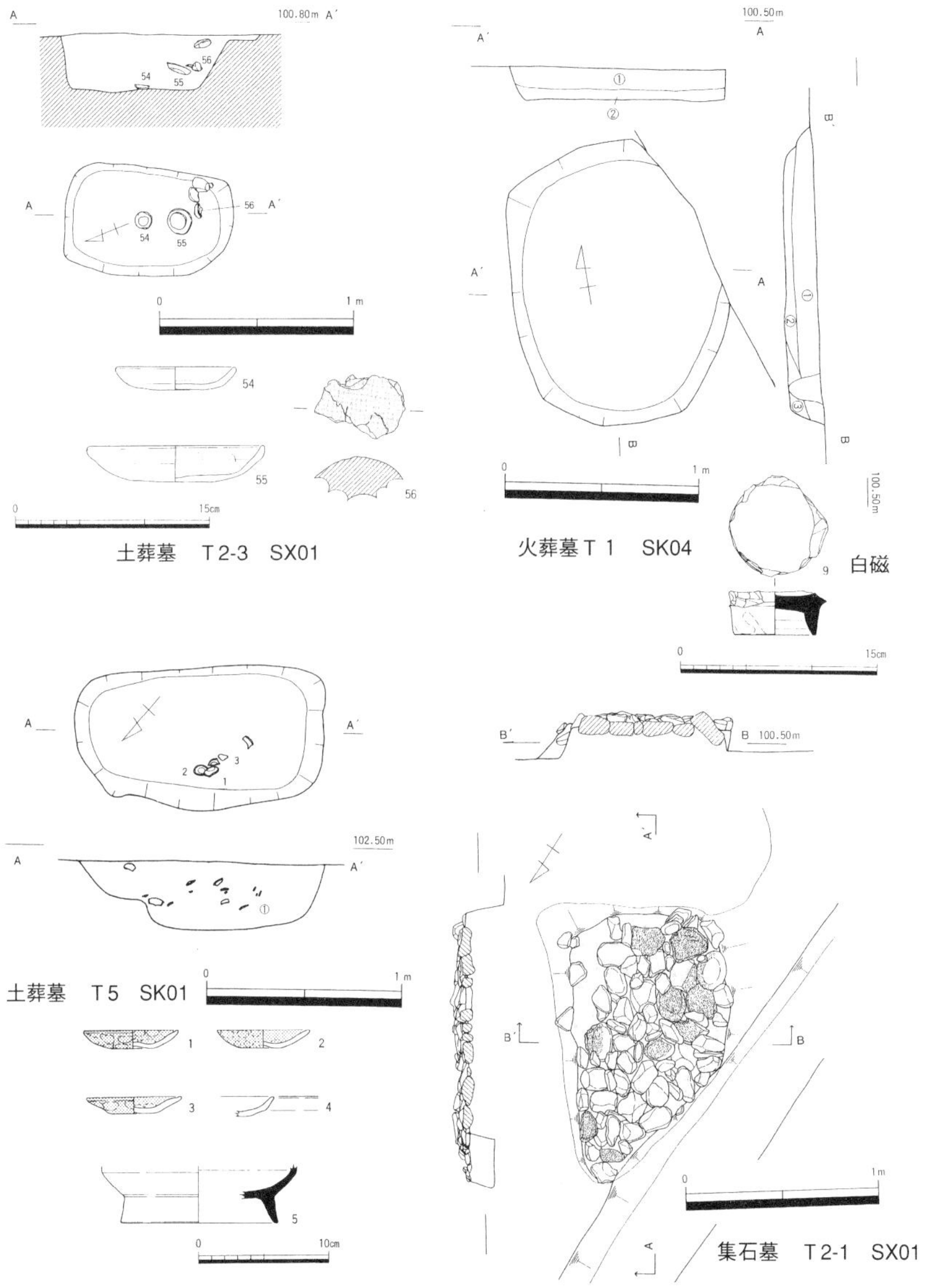

図6　上田上牧遺跡　土葬、火葬集石

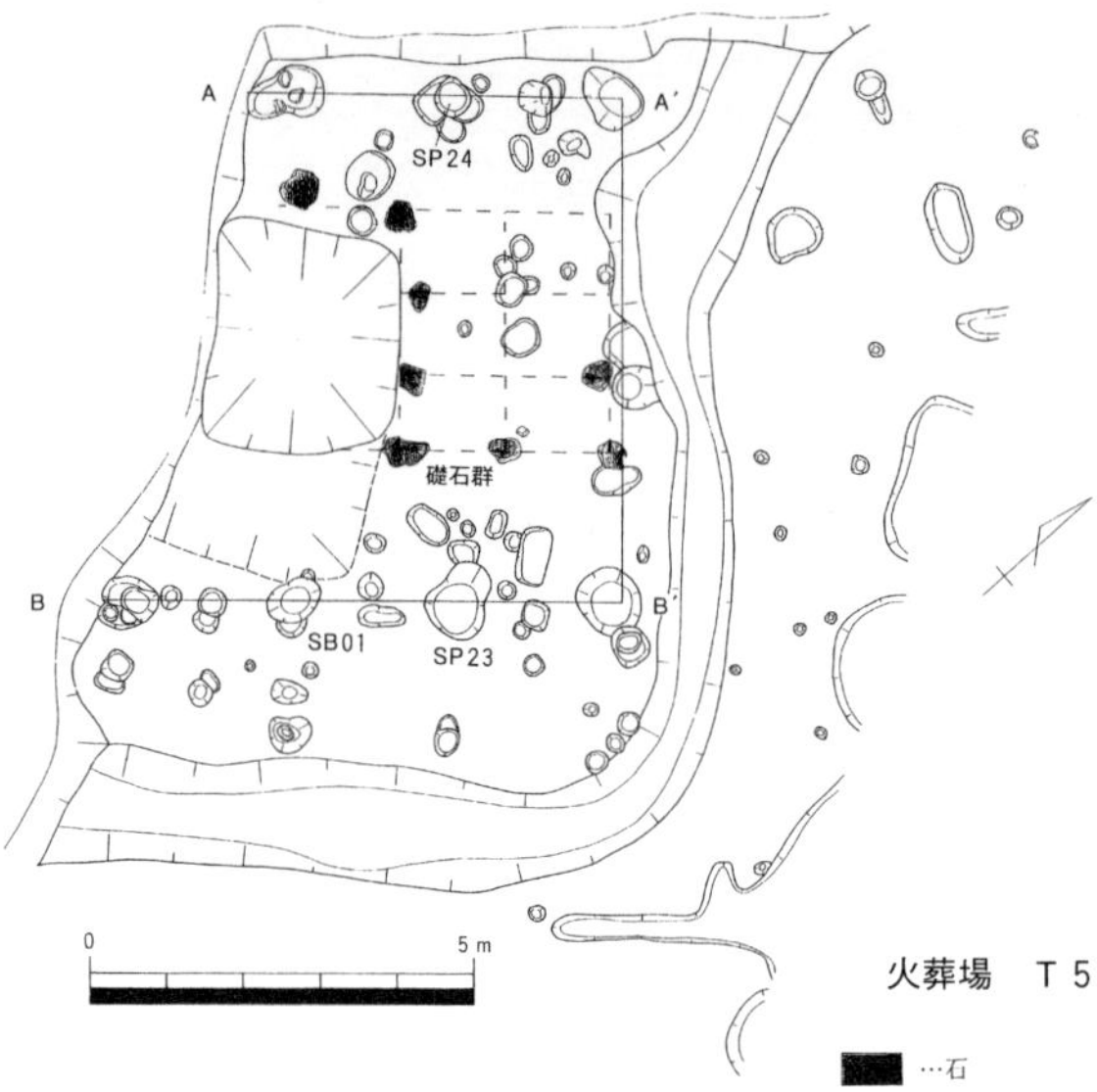

火葬場　T 5　SX02

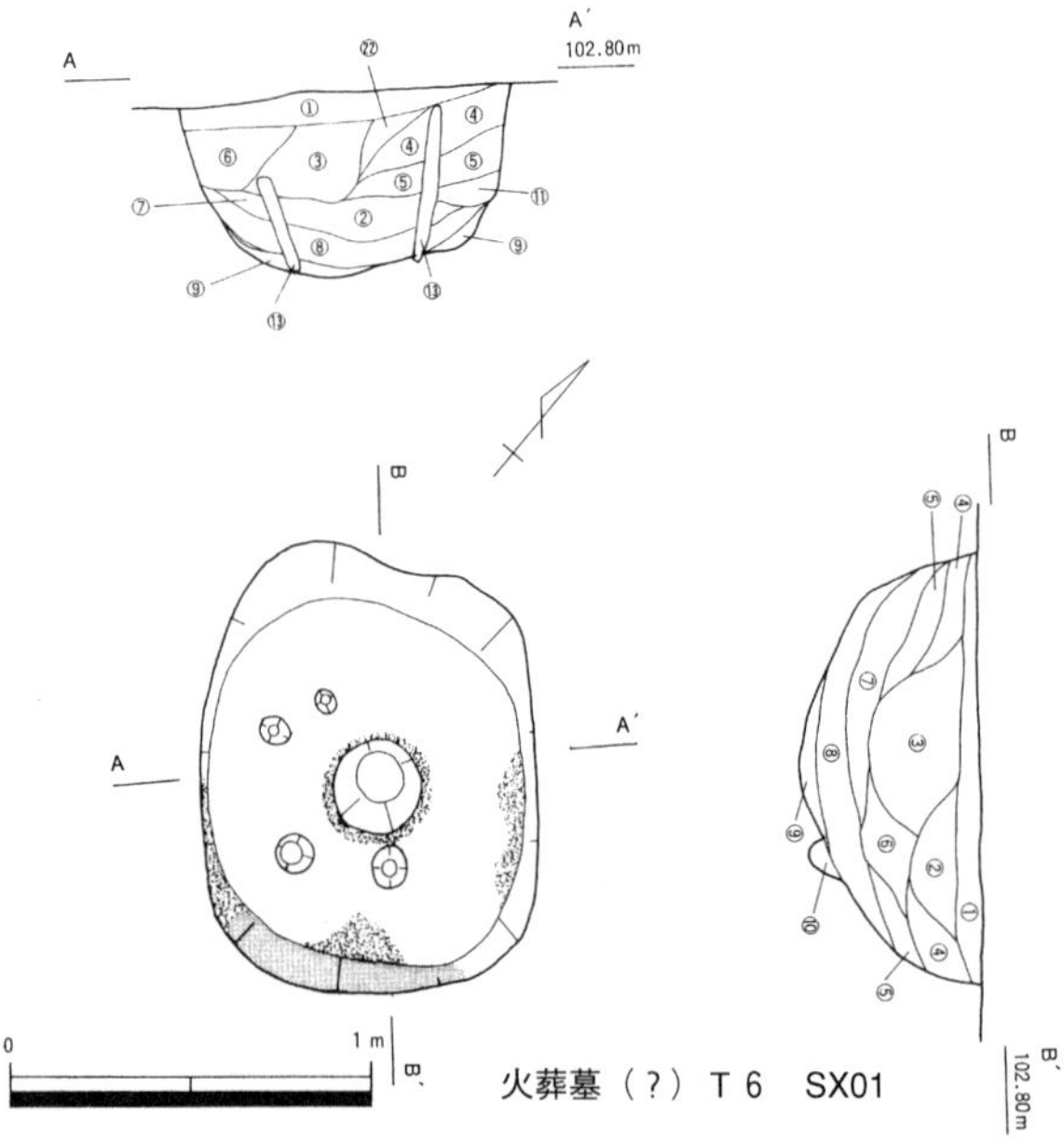

火葬墓（？）T 6　SX01

図 7　上田上牧遺跡　火葬場

長方形に掘られる。その埋土中に炭が混じることから火葬骨を埋納した火葬墓と考えられる遺構である。その内部から白磁の底部高台を円形に打ち欠いたものや鉄製刀子、土師皿片が出土している。十三世紀の遺構と考えられている。他にT２—１調査区のＳＫ—01、02と呼ばれる集石跡で、長径一三五センチ、短径の八〇センチの長方形に石を敷き詰めたものがある。石の表面などに炭層が付着し一部の石は火熱を受けていた。こうした状況から火葬墓、あるいは火葬場の可能性が考えられる。

火葬墓あるいは火葬場について

Ｔ６調査区のＳＫ—１〜11と呼ばれる土坑跡で、長径一五〇センチから七〇センチ、短径一三〇センチから七〇センチのやや不整な長方形に掘られているものである。これらの遺構は全部ではないが、その底面や壁面の一部が火熱を受け赤変しているものが多い。この状況からこの土坑内で遺骸を火葬したものと考えられている。そしてその埋土から遺骸を火葬した後、一端その灰を取り出し、おそらく収骨した後再びその灰を埋めたものとみられる。この火葬行為は一回だけ行われている。この遺構は火葬墓あるいは火葬場の両方の可能性があるものである。

火葬場について

Ｔ５—１調査区のＳＸ02と呼ばれる遺構である。溝跡により囲まれた内部に長径三メートル、短径二・五メートルの土坑を設け、そこで火葬を行なった遺構である。この土坑跡内部の土層観察から炭と粘土が互い違いに認められ、その様子で火葬は三回その床面を張り替えて行なわれたことが判明した。また、この火葬土坑跡の周辺にはそれより前に造られていた礎石建ち（礎石と呼ぶ石の上に柱を立てて建物を造る）の建物跡や掘立柱（地面に直接、柱を埋めて建物を造る）建物跡が検出され、この土坑跡以前にも別種の火葬場が存在したことが推定されている。この遺跡はその出土品から十三世紀から十六世紀、中世全般を通じて営まれたものであり、これらの墓跡もその時期のものである。

このように墓を造るにあたって蔵骨器を使わない場合は、土坑を掘りそこに直接遺骸を納め若干の土師器などを副葬する土葬と、副葬品を入れずに火葬骨を納める火葬墓がある。上田上牧遺跡ではそのような遺構が多く見られたが、それ以外に石組し、蔵骨器を用いて造る墓跡の存在したことも推定されている。

こうした土坑による埋葬の墓跡は多賀町久徳遺跡で発掘調査されている。それは四基の荼毘《だび》遺構を中心として墓が造られているもので、十五世紀末から十六世紀にかけての遺構である。

石仏谷墳墓跡

石仏谷遺跡はこれまでに現地整備のため、その全体の清掃や遺構・遺物、特に石造品の位置の測量、あるいは、これ以上の散逸を防ぐための表面に出ている遺物の採集、その記録や現状の写真撮影などが行なわれている。特に遺構の測量ではこれまで漠然としていた各墳墓のある程度の把握が可能となっている。また、遺物の採集ではこれらの墳墓跡にどのようなものが埋置されているのか、その手がかりをわれわれに与えている。具体的なその墳墓跡の内容は、勿論明らかではないが、ここではそれらの手がかりを元に石仏谷墳墓跡の概要のスケッチを試みてみよう。

墓跡の構成

今、手元に石仏谷墳墓跡の測量図がある。そこには夥《おびただ》しい石群、石造品が記入されている。これらはしかし、無秩序にあるのではなく一定の集まりとしてある。その集まりとは、あるいは長方形であったり、あるいは円形であったりしている。それらをその集まりごとに纏めてみると、おおよそ五十ヵ所のものとなる。これらの石組みはこれまでの各地の発掘例から石組みの墓跡と考えられる。おそらく、これらを調査すればその数は増えるものと思われるが、おおよそ五十基ほどの石組みの墓跡が造られているのである。さらに、遺跡の斜面は雛段のように、斜面の等高線に沿った形で平坦面を形成している。一番下の平坦面から数えると六段ほどが認められる。この雛段に先の墓跡が数基ずつ並んで造られているのである。また、斜面の中央よりやや北寄りの斜面がやや出っ張っている部分では石組みが細長く希薄となる。さらに、その最下段からはやはり、石組みが稀薄となる細長い部分が南側に登っている。これは各地の調査例から遺跡、墓道とみられるのである。このうち、特に中央寄りの斜面を垂直に登る道跡はその左右に雛段を抱え、そこへの出入りに際しての基本的な道跡であることから、当墓地跡の基幹道であると考えられる。木に例えればその幹であり、雛段の墓跡は枝についた葉ということが出来る。

墓跡と石仏

この石群・墓跡の北側には巨きな岩が斜面の上下に佇《ちょ》立《りつ》し、その北側や斜面の上部には殆ど石群・墓跡は造られていない。従って、この巨岩は墓跡を区切る岩、結界石と考えられるのである。この北側は現在胡宮神社、かっては敏満寺であり、それと墓を離す意味でこの巨岩が据えられているのであろう。このような例はいままで確認されておらず、珍しい事例と言い得るであろう。

次いで個々の墓跡を観察するといくつかの形態が認められる。一つは結界石の近くに造られている墓跡に代表されるもので、斜面を長方形に掘り窪めその平坦面に大きめの川原石で長方形の区画を造り、その内部に小さい川原石で塚を造るものである。この墓跡の場合は二から三基が集合している。一つは大きめの川原石で方形もしくは長方形の塚を造るものである。また、一つはやはり大きめの川原石で円形に石組みし､塚を造るものである。この円形に造る墓跡は遺跡の上方に多くみられる。そしてこれらの塚に石造品、板状の石材に阿弥陀仏や五輪塔を彫り込んだ石仏や五輪塔が供えられている。この墳墓跡のもう一つの特徴はこの石造品が極めて多量に用いられていることである。先述した甲良町正楽寺墳墓跡も同様の石造品、石仏や五輪塔が供えられているが、それは一つの墓跡に二から三点である。それに対しこの石仏谷墳墓跡では九七〇体ほどの石仏が数えられており、さらにそれに五輪塔を加えると優に千体を越える石造品が供えられている。疎密はあるが平均すれば墓跡一基に付き二十体の石造品が存在することになる。この数は圧倒的なものであり、この墓跡を特徴づける遺物である。これらの立地するここ南谷は言うまでもなくかっての敏満寺の寺域に築かれているもので、敏満寺と深い関係にあったと考えられる。

出土した遺物

先に記述したように、この墓跡の現状を把握するため整備調査が行なわれており、その際に表面に露出していた遺物の採集もあわせて実施され、多くの遺物が採集されている。遺骨を納める蔵骨器が多いものの、一覧すると中世の窯場の大半の製品が認められ、その当時の生活の一端を知る手がかりとなるものである。それは常滑の壷・甕・鉢、越前の壷・甕、備前の甕、瀬戸の壷・瓶子、信楽の壷・鉢、珠洲の壷、産地不詳の中世須恵の甕、瓦質の筒、土師器の皿、さらに船載品である青磁・白磁の壷などである。これらの遺物は墓跡のほぼ全域から出土しているが、その上方ではあまり多くなく下方に集中する。掲載した陶磁器の実測図は出土品の一部である。1〜9、11〜12、13〜26は瀬戸、27〜54、56、58〜61は常滑で、そのうち35は敏満寺遺跡の出土品である。55、62、64は信楽、57は珠洲、63は土師器、65は中世須恵器、66は備前、10は白磁壷、15は青白磁四耳壷である。これら陶磁器の大半には使用による摩耗痕が認められる。また67は胡宮神社裏山出土の常滑の甕であり、68〜82は敏満寺故地出土の瓦である。瀬戸の製品はその殆どが灰釉が掛けられているが、5は黒釉の印刻菊花文の壷。3、11は灰釉の陰刻草花文壷。6は灰釉の卸目《おろしめ》皿《さら》。18〜20は黒釉の四耳壷でこの三例には使用による摩耗痕が認められない。常滑の製品のうち42、43、51〜54は三筋《さんきん》壷《こ》、49、50、58〜60は所謂、不《ふ》識《しき》壷《つぼ》である。57は珠洲の四耳壷でR種A類と分類される製品であり、珠洲の製品が滋賀県で出土することがまれであるうえ、この形のものは初めてである。これらの陶磁器は十二世紀後半から十五世紀のものである。この他に上述した石造品があるが、それはやや時期の下がる十六世紀のものである。瓦のうち68〜70、72〜75、79〜82は平安時代末から鎌倉時代初めのもので、68〜70は軒丸瓦、72〜75は軒平瓦、79〜82は平瓦である。76、78は中世末期のもので76は軒丸瓦、78は鬼瓦である。71、77は江戸時代の軒丸瓦である。

その時期と特徴

以上記述してきたように、石仏谷遺跡は墳墓群跡であり、それは敏満寺故地の寺域内に営まれたもので南谷の一部の斜面を占有し、敏満寺故地との境に結界石とも呼ぶべき巨岩を据え、その内部にあたかも樹木のように墓道を根幹とし、その枝葉の如く数段の雛段状の平坦地を造りそこに石組みによる墓を築いているのである。その墓跡は三種類のものが認められるが、そのうち円形に石組みするものは他の墓跡の上に造られるものが有る点や、遺跡の上方に造られるものが多いことから、この墓跡群の中でより新しいものの可能性がある。またこの形の墓跡周辺であまり遺物が採集されていないことから蔵

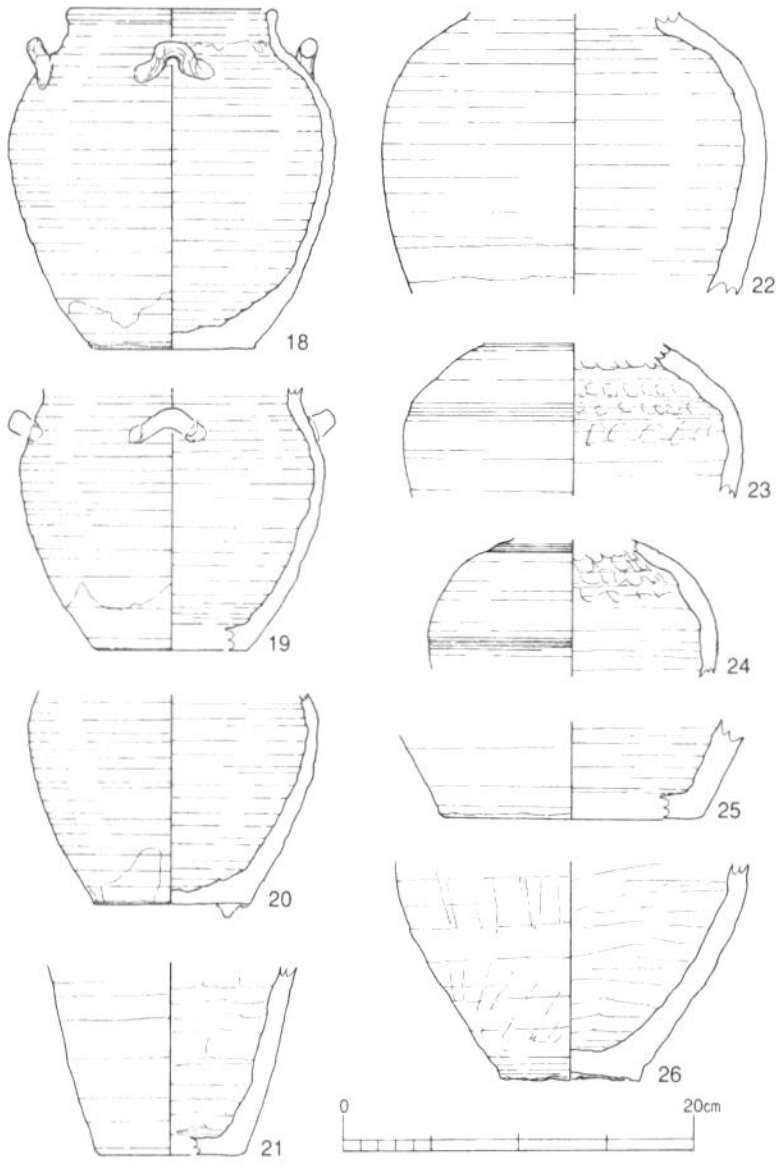

図９　瀬戸の陶器と白磁・青磁

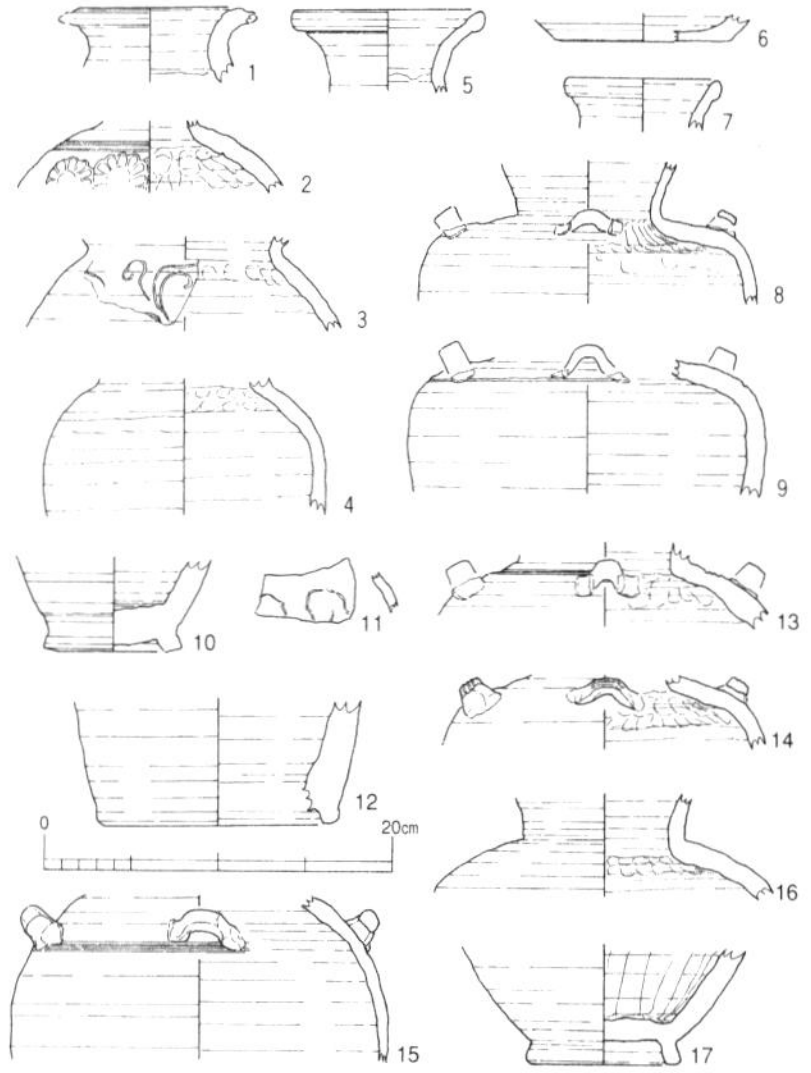

図８　瀬戸の陶器と白磁・青磁

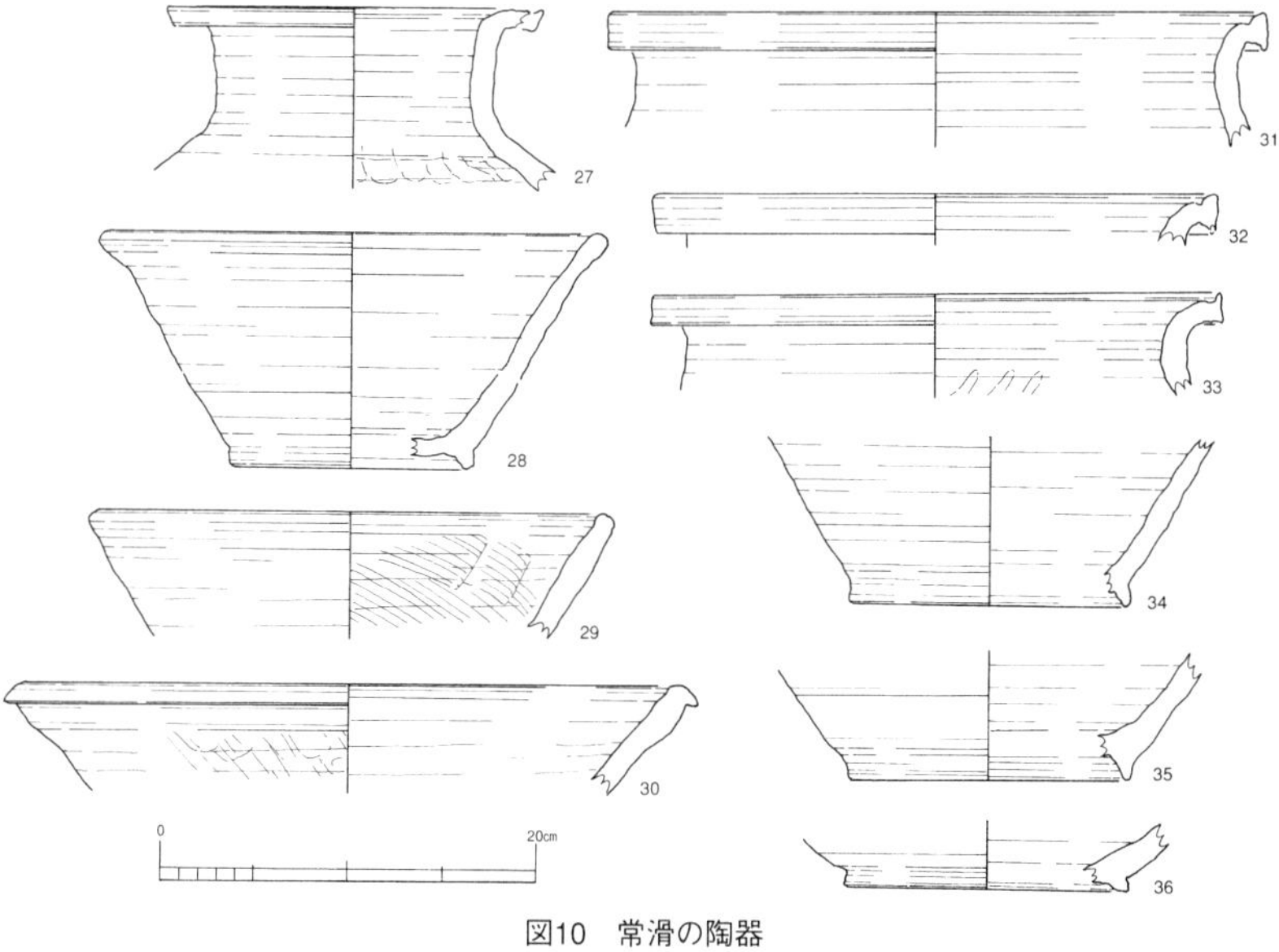

図10　常滑の陶器

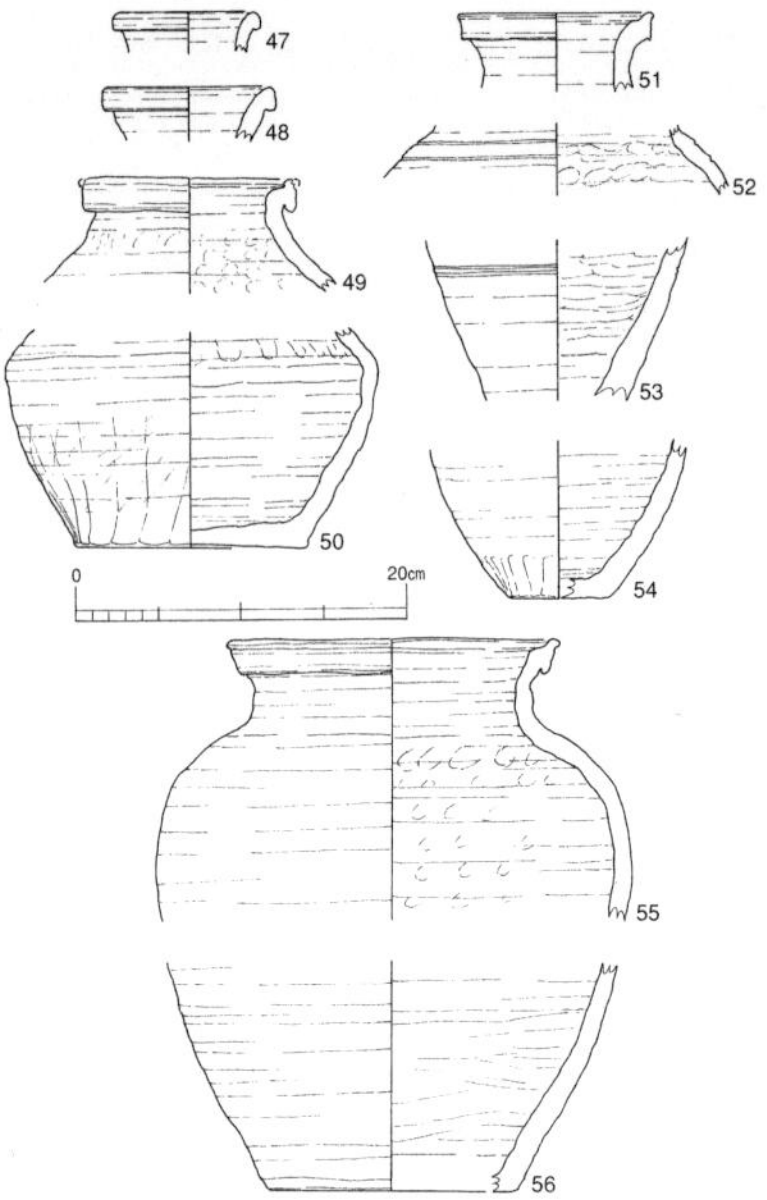

図12　常滑と信楽の陶器

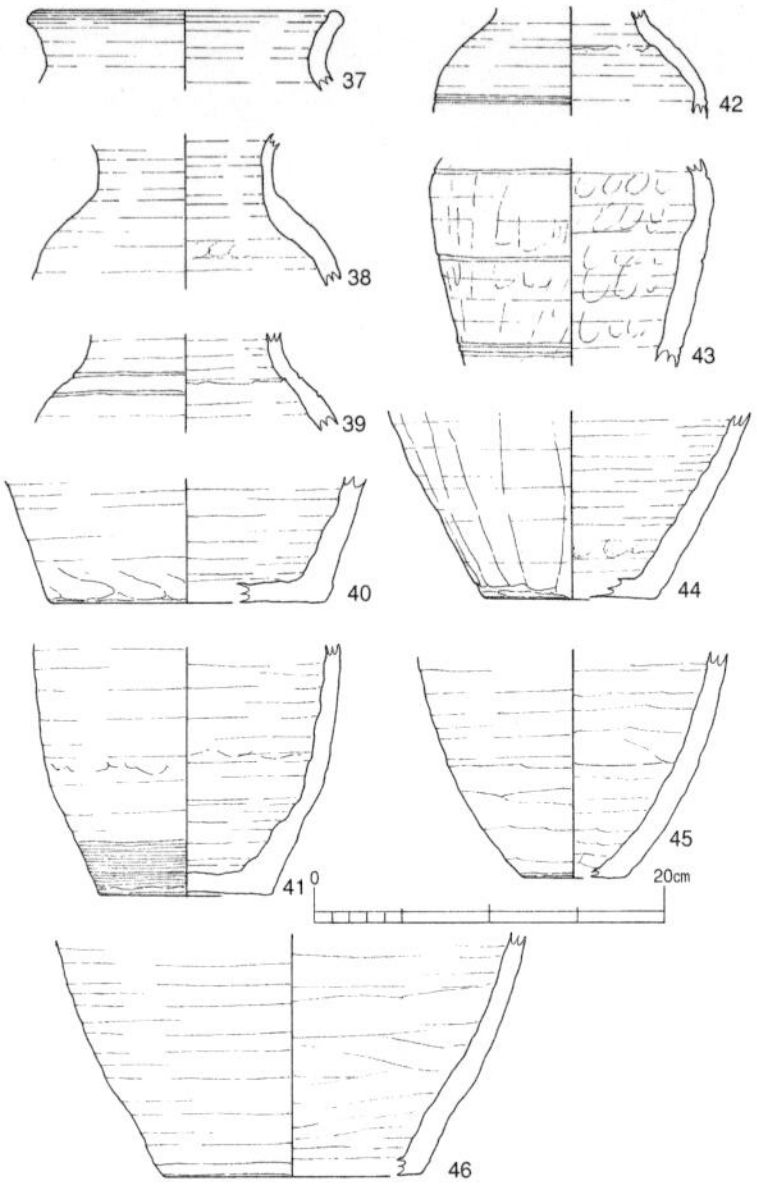

図11　常滑の陶器

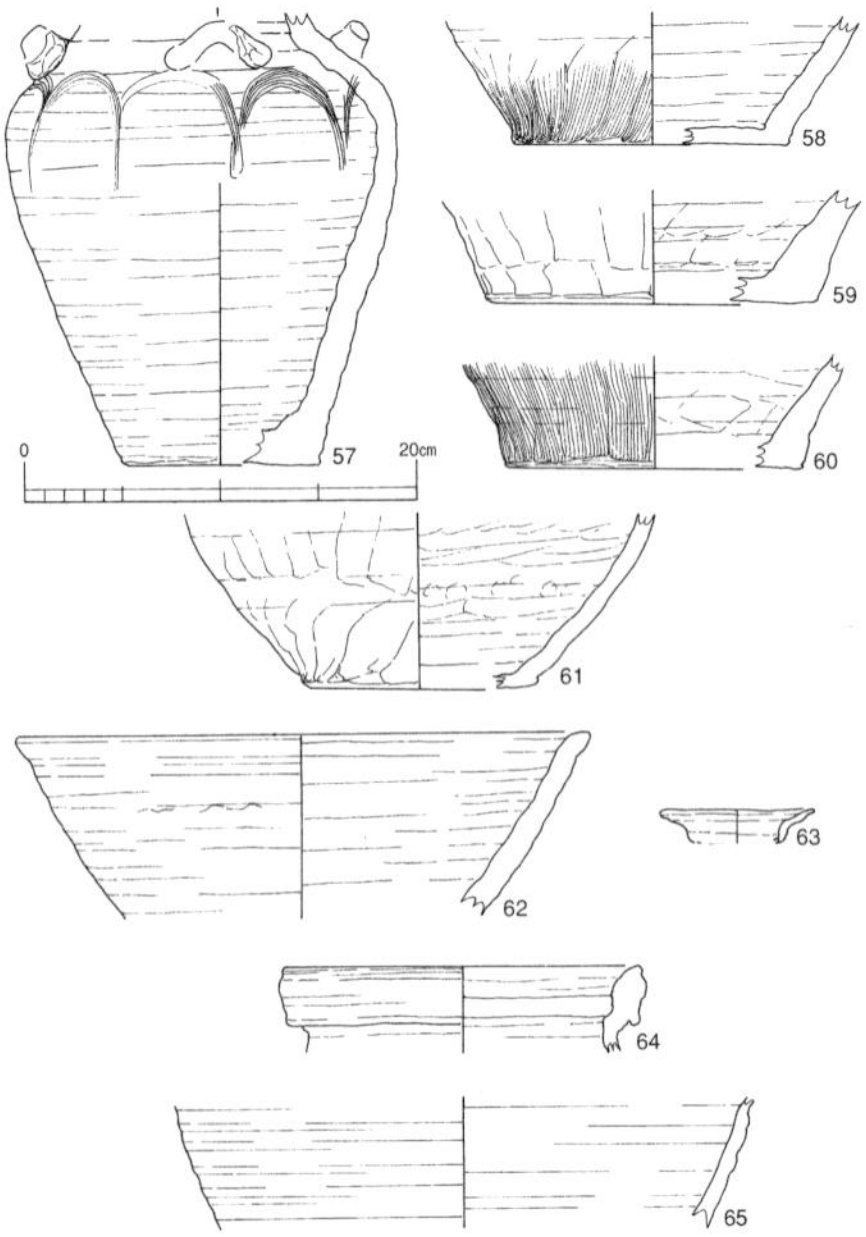

図13　常滑、珠洲、信楽、備前の陶器と
中世須恵器、土師器

骨器が使われていないことも考えられる。遺物の示す年代はその蔵骨器が日常に使われた痕跡があることから、直ちにその生産年代を当てはめることは出来ないが、およその年代として十二世紀末から十五世紀後半のものであり、18～20の瀬戸黒釉四耳壷が未使用品とみられ、それは十五世紀後半のものであることからこの墳墓跡の年代の一端を知ることが出来る。石造品はこれらの陶磁器より新しい十六世紀のものであることから、あるいはそれは追善などの目的で後代に加えられたものとも考えられるが、極めて多量であり他の理由があるのかも知れない。

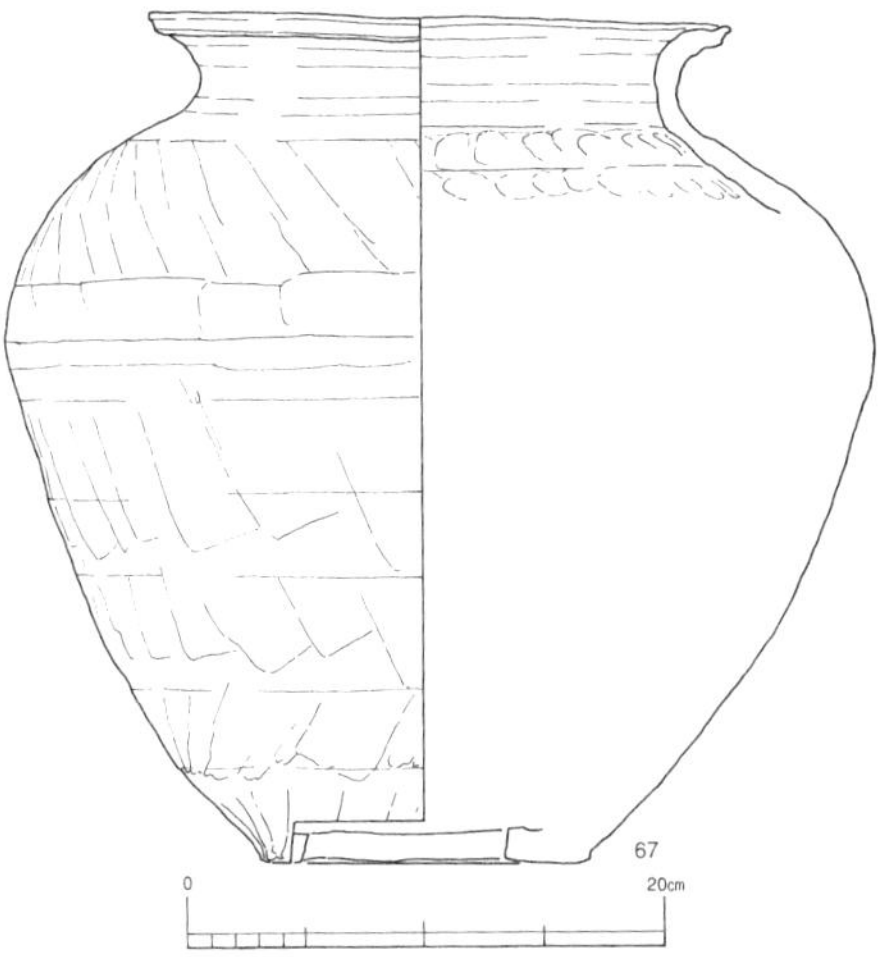

図14　胡宮神社裏山出土の常滑の甕

石仏谷墳墓跡と正楽寺墳墓跡

こうした寺院域に立地し石組の墓を造り、そこに多くの石造品を建てる形は勝楽寺の寺域に墓を造る正楽寺墳墓跡に通じるものがある。この両寺院は地域的にも接近し共に中世の有力な天台の寺院であり、また同じく織田信長の近江侵攻によりその命脈を絶たれている点も共通する。ただ、その内容では立地の違いの他に造墓の方法が異なる点など相異があると考えられる。それは勝楽寺が京極氏の経営であるのに対し、敏満寺はそのような後ろ盾を有しない寺院である事などもその一因であろうか。

敏満寺の故地にはこの石仏谷の他に、胡宮社の裏手やその駐車場の付近などに石仏谷墳墓跡と同じような墳墓跡が存在し多数の墓跡が営まれている。これらの墓は土

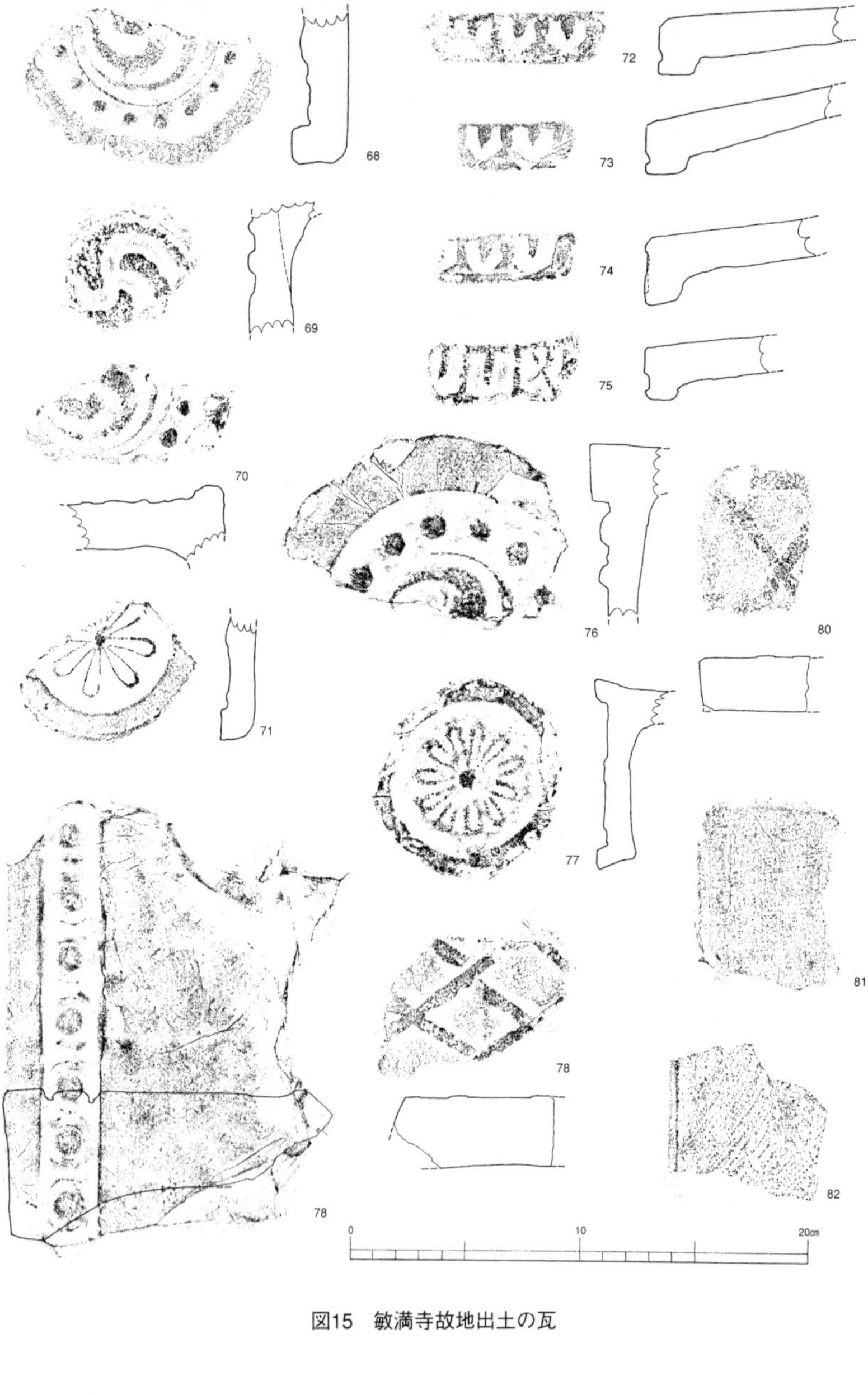

図15　敏満寺故地出土の瓦

坑による埋葬に比して経済的に余裕のあるものとしてみられる。おそらくそれは、この近年の発掘調査で明らかになりつつある敏満寺を中心として都市的空間を作り上げた人々の存在を無視しては語り得ないであろう。従って、この石仏谷墳墓跡の実体はそれらの調査や敏満寺自体の考究を通じて明らかになるのであろう。

《参考文献》

松澤　修「滋賀県・大谷中世墓群」歴史手帳第十四巻十一号　一九八六年

上垣幸徳『正楽寺遺跡―犬上郡甲良町正楽寺所在―』滋賀県教育委員会・㈶滋賀県文化財保護協会　一九九七年

清水ひかる『上田上牧遺跡Ⅰ』滋賀県教育委員会・㈶滋賀県文化財保護協会　一九九八年

細川修平、重岡卓『多賀町久徳遺跡発掘調査報告書』滋賀県教育委員会・㈶滋賀県文化財保護協会　一九九五年

横田洋三・中井均『敏満寺遺跡発掘調査報告書』滋賀県教育委員会・㈶滋賀県文化財保護協会　一九八八年

吉岡康暢『中世須恵器の研究』吉川弘文館　一九九四年

《執筆者紹介》

土井通弘（どい　みちひろ）
滋賀県立琵琶湖文化館学芸係長
主な著作：『曼荼羅構成の基点と基準尺について』『研究紀要　第17号』滋賀県立琵琶湖文化館2001年、「史料繪絹から画紙へ」共著　岩家所蔵書簡刊行会2001年

高梨純次（たかなし　じゅんじ）
滋賀県立近代美術館専門学芸員
主な著作：「滋賀・高月町日吉神社木造千手観音立像をめぐって」『滋賀県立近代美術館研究紀要』2002年、「石山寺木造阿弥陀如来立像について」『博物館学年報（同志社大学）』2001年

中井　均（なかい　ひとし）
米原町教育委員会生涯学習課参事
主な著作：『近江の城―城が語る湖国の戦国史―』サンライズ出版 1997年　『城郭探検倶楽部』（共著）新人物往来社 2003年

林　清一郎（はやし　せいいちろう）
多賀町文化財保護審議委員
主な著作：『多賀町史　上・下』共著　多賀町1991年、『多賀町史　別巻』共著　多賀町1995年

松澤　修（まつざわ　おさむ）
財団法人滋賀県文化財保護協会
主な著作：「粟津遺跡の縄文早期の出土について」『研究紀要　第２号』三重県埋蔵文化財センター1993年、「信楽焼の編年について」『中世の信楽―その実像と編年を探る―』滋賀県立風土記の丘資料館1989年

（肩書は2003年11月現在）

敏満寺の謎を解く　―伝承する影像と城塞・石仏群―

2003年11月16日　初版1刷発行
2005年6月20日　初版2刷発行

編　者／多賀町教育委員会
滋賀県犬上郡多賀町多賀240-3
TEL.0749-48-8123　〒522-0341

発行者／岩　根　順　子
発　行／サンライズ出版
滋賀県彦根市鳥居本町655-1
TEL.0749-22-0627　〒522-0004

印　刷／サンライズ出版株式会社

ISBN4-88325-243-4 C0021